JN085613

# リトルライオン<br>Little Lion のクロッシェバッグ

文化出版局

# Contents

## A
p.03
p.44

## B
p.04
p.41

## C
p.06
p.46

## D
p.07
p.48

## E
p.08
p.50

## F
p.10
p.52

## G
p.11
p.54

## H
p.12
p.56

## I
p.13
p.58

## J
p.14
p.60

## K
p.16
p.62

## L
p.18
p.64

## M
p.19
p.66

## N
p.20
p.68

## O
p.22
p.70

## P
p.23
p.72

## Q
p.24
p.74

## R
p.25
p.76

## S
p.26
p.78

## T
p.28
p.80

## U
p.30
p.82

TOPIC  p.32

POINT LESSON  p.34

How to make  p.41

TECHNIQUE GUIDE  p.84

**A** 高級感漂うマニッシュなトートバッグ。幾何学模様とレザーハンドルでシンプルコーデを一気に格上げ。

How to make → *44* ページ

**B**
スイートラベンダーのショッパー
バッグ。荷物が少ないときはコンパ
クトに。ぐんと広がるまちつきだか
ら、うっかり買いすぎても問題なし！

How to make →*41* ページ

**C**　全方位にあしらった大胆なボタニカ
ル柄が印象的なショルダーバッグ。
パッと目を引くロイヤルブルーで夏
コーデの主役級アイテムに。

How to make →*46*ページ

D タッセルがかわいいミニ巾着はショ
ルダーバッグとのリンクデザイン。
お気に入りのコスメやアクセサリー
を入れてバッグに忍ばせて。

How to make → **48** ページ

E 六角形の底がすっきりシェイプを
ホールド。A4 ファイルやノートPC
もすっぽり収まる収納力。オンにも
オフにも似合うハンサムなバッグ。

How to make → *50* ページ

**F**　ちょっとしたお出かけの荷物は最小限で。ミニマル派に人気のスマホショルダー。ビタミンカラーで編んで、アクセサリー感覚で使いたい。

How to make → *52* ページ

内側には便利なカードスロットも。

G シンプルながら存在感が光るシャイ
ニーカラーのホーボーバッグ。ぺた
んこにして持ち運べるからデイリー
にはもちろん旅のお供にも最適。

How to make → *54* ページ

H 手持ち、肩かけ、斜めがけ……気分によっていろんな持ち方を楽しめるミニボストン。高級感あるテクスチャーでカジュアルワンピをクラスup。

How to make → *56* ページ

1 ミニボストンとおそろいアイテム。
ショップカードやクレジット……減
らないカードをしっかり収納。手に
なじむ軽やかな使い心地が good!。

How to make → 58 ページ

J ブラウンのトリミングが端正な印象
を際立たせるバケツバッグ。レザー
のサンダルとの相性も抜群。

How to make→*60*ページ

K 上質なヘンプヤーンで作る、オトナ
のための巾着リュック。丈夫で見た
目以上に収納力があるので、気兼ね
なく使えて便利！

How to make →*62*ページ

L イタリア語で"小さな幸せ"を意味
するロゴ入りのフェミニントート。
ニュアンスカラーのストライプで、
洗練されたムードの仕上りに。

How to make → *64* ページ

M 便利なサイズのファスナーポーチ。
フレーズの意味は、"I can do it !"
前向きワードでいつだって気分up!

How to make → *66* ページ

*19*

N プラハンドルのキッチュさとレース模様がレトロかわいいミニショルダー。辛口コーデにプラスして、あえて外すのが◎。

How to make →*68*ページ

 くいしんぼうなモンスターの口か
ら、ティッシュが飛び出す遊び心あ
ふれるポーチ。ラッキーナンバーを
背番号に配して、スペシャルなプレ
ゼントにしても。

How to make → *70* ページ

P 強めの陽射しがよく似合う、ビビットカラーのワザありネットバッグ。小さくたためて超軽量。水濡れ OK のプラ素材は小旅行にも絶対便利。

How to make → *72* ページ

23

カジュアルコーデからちょっとした
パーティーにも使えるチェーンバッ
グ。目を引くグリーンのボディにゴー
ルドが華やぎをプラス。

How to make → **74** ページ

R バッグから取り出すたびに笑顔に
なっちゃう、アイスクリームのミニ
ポーチ。リップやキャンディを入れ
たり、コインケースにしても。

How to make → *76* ページ

25

S フットワーク軽めの日にはショル
ダーポーチが気分。しっかりコード
のストラップはアウトドアシーンも
お手のもの。ワンハンドルのバリ
エーションもおすすめ。

How to make → *78* ページ

T シックな装いに遊び心をプラスす
る、ちょい攻めスパイス小物。不思
議な糸のテクスチャーとユニークな
フォルムは注目まちがいなし。

How to make → *80* ページ

U 無国籍＆スパイシーな雰囲気のショ
ルダーバッグ。デイリーカジュアル
にもナイトシーンにも映える、オト
ナのカラーリングが決め手。

How to make → 82 ページ

# 上手になりたい！ テープヤーン3つの編み方

**細編み ✗**

| | |
|---|---|
| 表 | 裏 |

かぎ針編みのベーシックな編み方の一つ。針を入れる位置がわかりやすく、編みやすい。しっかりとした編み地に仕上がる。

**メリヤス細編み ✗**

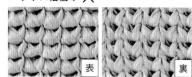

| | |
|---|---|
| 表 | 裏 |

細編みより厚みのあるしっかりした編み地に仕上がり、斜行が少ない。表も裏も棒針編みのメリヤス編みのようなV形の目が並ぶ。

**筋編み ✗**

| | |
|---|---|
| 表 | 裏 |

細編みと同じ要領だが、細編みの頭の鎖の向う側を1本だけすくう。編み地は細編みより少し柔らかく、表は横に筋が1本入る。斜行が少なく、編込みによく使われる。

## 細編みの編み方ポイント

頭は小さく、足はふっくら、をイメージして編む。途中でテープヤーンの幅をキープすることと、引き抜く方向がポイントです。

**1** 針にかかっている目を針先に持っていき、小さめにして編み始める。

**2** 編む目の近くをしっかり親指で押さえながら、矢印の位置に針を入れる。

**3** 針先に糸をかけて手前に引き出す。

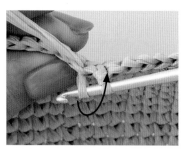

**4** すぐに上に引き上げず、一度、手前に1目分引き出してから上に持っていく。

\ POINT! /
テープヤーンの幅

**5** 針の軸のほうに目をすべらせていき、幅を確保する。針を編み地と平行にして、引き出した糸の長さをキープする。

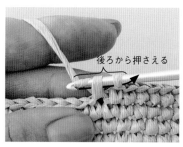

後ろから押さえる

**6** 中指を後ろから当て、糸の幅を保つ。糸を多く送り出さず、人さし指を編み地に近づけて引き出す糸量を糸がたるまないよう調整する。

\ POINT! /

**7** 目の斜行を抑えつつ、頭の鎖を小さく保つため、針をまっすぐではなく、矢印の方向に引き上げるように意識する。

このとき、編み地を左を上に傾けて編むと編みやすい。

**8** 細編みが編めたところ。

## メリヤス細編みの編み方ポイント

針運びは細編みと同じですが、針を入れる位置が違います。裏を意識しながら編みます。

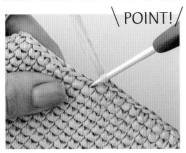

1 針と糸の持ち方。針が入れやすいように、編み地を少し斜めに持つと編みやすい。

2 矢印の位置に針を入れ、細編みの足の右側手前の半目1本と頭の鎖2本をすくう。

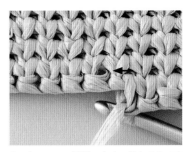

3 裏は、←の位置に出す。慣れるまで裏を意識する。

4 2に針を入れたところ。針は立てぎみにして少し左方向から入れる。

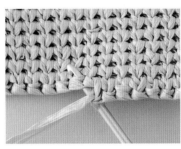

5 裏に出した様子。

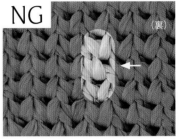

NG　（裏）

3の裏に出す位置を間違えると下の段の目がVの形に開かない。写真は中央の段が間違えている。

## 細編みの筋編みの編み方ポイント

針運びは細編みと同じですが、針を入れる位置が違います。

1 細編みと同じ要領でしっかりと編む目の近くを押さえ、頭の鎖の向う側の糸を1本すくう。

2 細編みと同じ要領で編む（p.32 3〜6）が、最後の引抜きは普通に右に向かって引く。

3 細編みができたところ。すくわなかった糸で筋が1本できる。

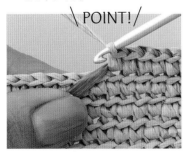

1 編込みの場合。編んでいないほうを芯の糸にして編みくるむ。芯の糸を手前におき、親指で押さえる。

2 芯の糸をよけながら、細編みの頭の鎖の向う側の1本をすくう。

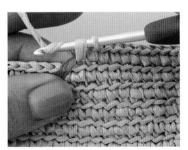

3 芯の糸を編みくるみながら筋編みを編む。芯の糸を押さえてテンションをかけて編むと編み地がしっかりする。

記号図

## p.12 H 模様編みの編み方

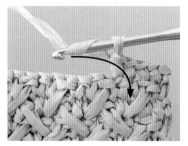

1 針に糸をかけ、前々段の2目手前の細編みの頭に針を入れる。

2 針に糸をかけ、編み地から引き出し、針を真上に引く。

3 引き出した糸がまっすぐ上に伸びるよう、針を編み地と平行にする。

4 針に糸をかけ、編み進む方向に針を倒しながら引き抜く。

5 前々段の2目手前に中長編みが編めた。前段の細編みは編みくるまれている。

## p.12 H 角カンつきのひもの編み方

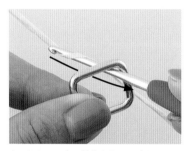

1 角カンの中に針先を入れ、糸をかけて引き出す。

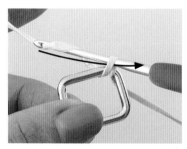

2 糸をかけ、矢印のように引き抜く。

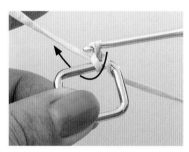

3 端の立上りの目ができた。角カンの中に針を入れ、細編みを編む。

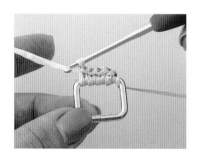

4 指定の数を編んだところ。往復しながらひもを編む。

5 編終りに角カンをつける。残していた糸をとじ針に通し、角カンにかがりつける。細編み1目に対して、2回通す。

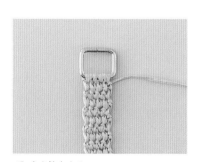

6 糸を始末する。

わかりやすいよう、
縫い糸の色をかえています。

1 本体、持ち手2本、肩ひも1本を用意する。

2 まちに肩ひもを編みつける。

3 引抜き編みで角カンの下の部分を編みつける。入れ口の端から少し下に角カンがくるようにする。

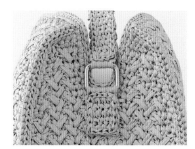

4 編終りはチェーンつなぎをする。

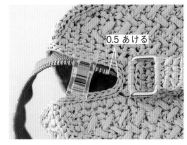

0.5あける

5 ファスナーをつける。ファスナーを開き、片側をクリップなどで仮どめする。

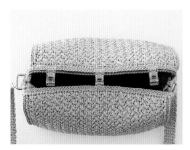

6 カーブにそわせながら、入れ口の端までとめる。

7 端から縫いつける。入れ口の端の引抜き編みの内側を返し縫いする。

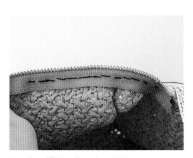

8 裏の様子。表に出る針目は0.1〜0.2cm程度。

0.4

9 表の様子。編み地から出るファスナーの幅を一定にする。反対側もクリップでとめて縫いつける。

10 端はファスナーの間をつなぐように縫いとめる。

11 ファスナーを縫いつけたところ。

12 持ち手を肩ひもと同様に引抜き編みでつけて出来上り。

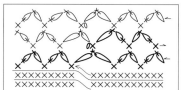

記号図

## p.23 P 七宝編みの編み方

**1** 模様の編始め。針にかかっている目を引いて、鎖を1cm弱の大きさにしてから糸をかけて引き出す。

**2** 鎖が小さくならないように針の下の糸を指でつまむ。矢印の位置に針を入れ、細編みを編む。

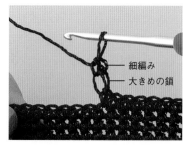

細編み
大きめの鎖

**3** 細編みが編め、次の目を1cm弱の大きさにしたところ。1、2を繰り返し、糸を指で押さえながら大きめの鎖と細編みをもう1つずつ編む。

3目

**4** 3目あけた次の目に針を入れる。

**5** 細編みを編む。一模様編めた。

**6** 1〜5を繰り返して編み進む。

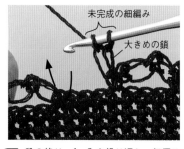

未完成の細編み
大きめの鎖

**7** 段の終り。1、2を繰り返し、細編みの最後の引抜きの前（未完成の細編み）まで編む。矢印の位置に針を入れ、同様にもう一度編む。

**8** 未完成の細編みが2つ針にかかっているところ。糸をかけ、針にかかっているループすべてを引き抜く。

**9** 引き抜いたところ。

**10** 2段め。鎖1目で立ち上がる。ここで編み地の向きを変え、細編みを1目編む。

**11** 1〜3を繰り返し、前段の細編み（↓）に細編みを編む。

**12** 続けて編む。

用意するもの
a アウトドアコード
b ラウンドカラビナ
はさみ、ライター

## P.26 S ハート結びの結び方

**1** ラウンドカラビナにグレーを2本通す。グリーンの中央を合わせ、左のグリーンをグレーと合わせて持つ。

**2** 右のグリーンを2cm巻きつける。

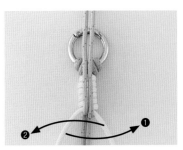

**3** グリーンを左右に分けて、グレーを上2本、下2本に分ける。グリーンを中央で❶❷の順に交差させ、左右を入れ替える。

**4** 上下のグレーを入れ替える。上のグレー2本を外側から下ろす。

**5** 上下を入れ替えたところ。左右のグリーンを引き締める。

**6** 3〜5を繰り返して進む。指定の長さまで結ぶ。

**7** 結び終り。ラウンドカラビナにグレーを4本通し、2cm程度残して折り返す。

**8** 裏返してグリーンの片方でループを作り、反対側をカラビナの手前まで巻きつける。

**9** 巻きつけたコードの端をループに通す。

**10** ループの端を引いて、巻きつけたコードの中にループを隠す。

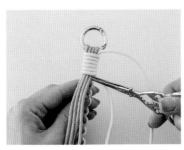

**11** 巻きつけたコードの上下に出ているコードをカットする。

**12** コードの端をライターであぶる。端が溶けたらライターの側面を押しつけて固める。

37

## p.03 A 内袋と カシメハンドルのつけ方

用意するもの
a持ち手 b打ち具 c打ち台 dカシメ頭
eカシメ足 fポリリンプ g木づち hゴム板
クリップ、定規、印つけペン、
はさみ、目打ち、糸、針、まち針

わかりやすいよう、
縫い糸の色をかえています。

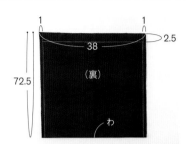

**1** 38×72.5cmの内袋用布を中表に半分に折り、出来上り線を引く。

**2** 両端をミシンで縫う。

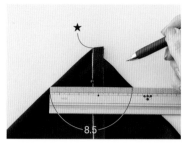

**3** 縫い代を倒し、★を頂点に直角にたたんでまち針でとめる。幅8.5cmのところに線を引く。反対側も同様に引く。

**4** まちを縫い、外側1cmのところで余分を切る。

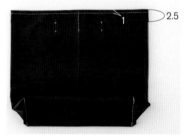

**5** 入れ口を裏に折って縫う。

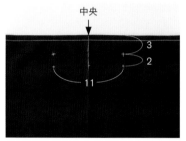

**6** 中央を基準に、指定の位置に印をつける。

**7** 印に目打ちで穴をあける。本体に底板、内袋を入れ、入り口をまつりつける（p.39、9〜12参照）。

**8** カシメ足を、ポリリンプを間に挟みながら内袋の穴に刺す。本体の指定の位置で表に出し、ハンドルを通す。

**9** カシメ頭を表から刺し、カチッと音がするところまで押して仮どめする。

**10** ゴム板の上に打ち台をのせ、カシメをのせる。

**11** 打ち具を当て、木づちで打つ。縦に2か所ずつ、全部で8か所つける。

**12** 出来上り。

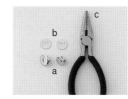

用意するもの
aマグネットホック
b座金　cペンチ
クリップ、定規、印つけペン、
アイロン、はさみ、糸、針

## P.06 C 内袋と マグネットホックのつけ方

わかりやすいよう、
縫い糸の色をかえています。

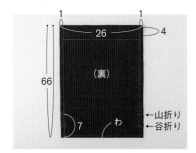

**1** 26×66cmの内袋用布を中表に半分に折り、出来上り線を引く。

**2** 底のまちをたたみ、アイロンで押さえる。

**3** 両端をミシンで縫う。

**4** 縫い代を倒し、入れ口は裏に折ってアイロンで押さえる。入れ口をぐるりと縫う。

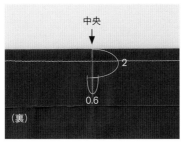

**5** 中央を基準に、指定の位置に印をつける。

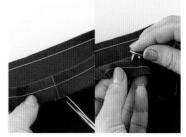

**6** 印の位置に切込みを入れ、表からマグネットホック（凹凸どちらでもよい）の足を差し込む。

**7** 裏から足に座金を入れてツメをペンチで折る。反対側も同様につける。

**8** マグネットホック（凹凸）を両方つけたところ。

**9** 本体に底板を入れる。

**10** 内袋を表を内側にして入れ、入れ口をクリップで仮どめする。

**11** 肩ひも部分は、ひも、本体両方を貫いて縫いとめる。

**12** 縁編みのブルーの糸のところでまつりつける。

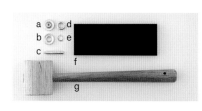

用意するもの
a打ち具　b打ち台
c打ち棒　dハトメ
e座金　fゴム板
g木づち

## p.16 K ハトメのつけ方

**1** 編み地のひも通し穴に、表からハトメを差し込む。

**2** ゴム板に打ち台を置き、編み地を裏にして打ち台の上にハトメを乗せる。

**3** 裏から座金を重ねる。

**4** 打ち具をのせ、打ち棒を打ち具の穴に差し込んで木づちで打つ。

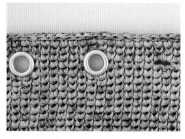

**5** ハトメがついたところ。

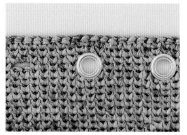

**6** 裏の様子。

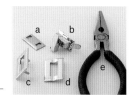

用意するもの
ひねり金具
a座金　bオス　cメス表
dメス裏　eペンチ
目打ち、ドライバー（ねじどめタイプ用）

## p.04 B ひねり金具のつけ方

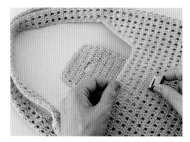

**1** 本体の金具つけ位置に、ひねり金具（オス）を表から差し込む。

**2** 裏に座金を当て、ツメをペンチで倒す。

**3** フラップの金具つけ位置に金具（メス表）を表からはめる。

**4** 裏から金具（メス裏）をはめる。口金の内側にはみ出している編み地は目打ちなどで金具の中に入れ込む。ペンチでツメを折る。

**5** 金具がついたところ。

【ねじどめタイプの場合】編み地を挟んでドライバーでねじどめする。金具の内側にはみ出している編み地は目打ちなどで金具の中に入れ込む。

裏

# B

写真・04ページ

糸　　パピー サンパドゥース(40g 玉巻き) パープル(505) 280g
針　　4/0号かぎ針
その他　メルヘンアート ひねり金具 シルバー(S1095) 1組み
ゲージ　模様編み A、B　25.5目19段が10cm四方
サイズ　図参照

## 編み方

糸は1本どりで編みます。

1　本体は鎖115目を作り目し、模様編み A で増減なく62段編み、続けて片方の持ち手を減らしながら45段編み、糸を切ります。もう一方の持ち手は糸をつけて減らしながら44段編み、糸端を30cm残し、糸を切ります。

2　金具つけ位置の編み方を変えて同じものをもう1枚編みます。

3　本体2枚を中表に重ね、脇を細編みでつなぎます。

4　持ち手部分を中表に重ね、残した糸で巻きかがり(全目)します。

5　底を外表に重ね、細編みでつなぎますが、脇は内側に折り込んで4枚一緒に編み、まちを作ります。

6　持ち手を外表に二つ折りにし、持ち手回りと入れ口に細編みを編みます。

7　フラップは鎖21目を作り目し、模様編み B で減らしながら28段編み、糸を切ります。回りを細編みで1段編みます。

8　本体にフラップをとじつけ、ひねり金具をつけます。

## 作品のポイント

・本体の金具つけ部分は編み地を丈夫にするため、目の詰まった編み地に変えています。
・ひねり金具のつけ方→ p.40
・前段の鎖編みは束にすくいます。

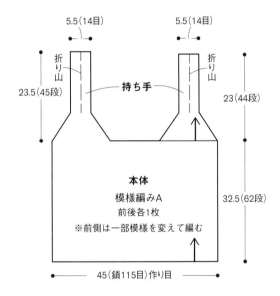

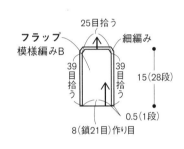

×=細編み

○=鎖編み

ⵑ=長編み

∨=⋎細編み2目編み入れる

∧=⋏細編み2目一度

=長編み2目一度

=糸をつける

=糸を切る

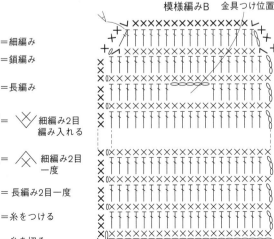

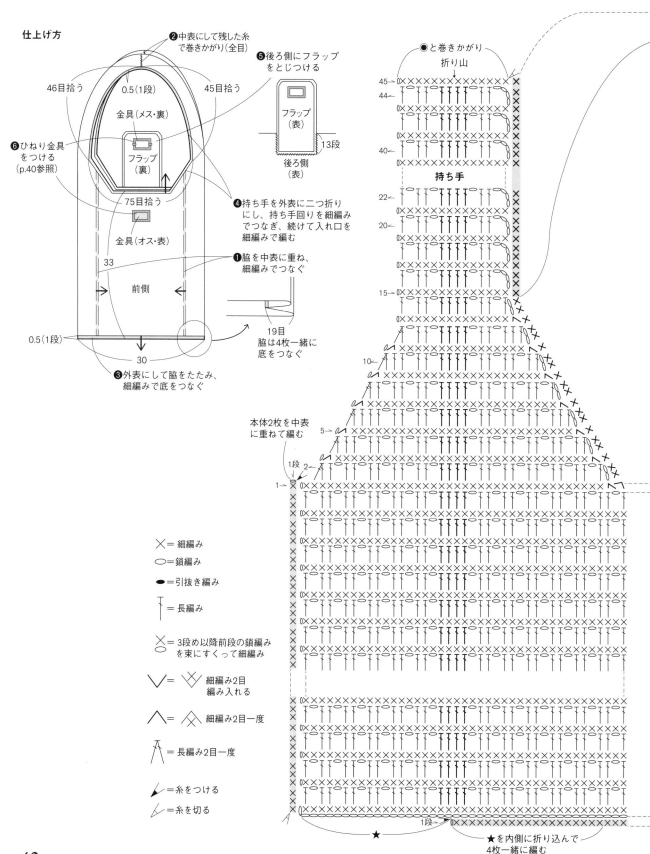

**仕上げ方**

❷中表にして残した糸で巻きかがり(全目)

46目拾う

45目拾う

0.5(1段)

金具(メス・裏)

フラップ
(裏)

❻ひねり金具をつける
(p.40参照)

75目拾う

金具(オス・表)

33

前側

0.5(1段)

30

❸外表にして脇をたたみ、細編で底をつなぐ

❺後ろ側にフラップをとじつける

フラップ
(表)

13段

後ろ側
(表)

❹持ち手を外表に二つ折りにし、持ち手回りを細編みでつなぎ、続けて入れ口を細編みで編む

❶脇を中表に重ね、細編みでつなぐ

19目
脇は4枚一緒に底をつなぐ

●と巻きかがり

折り山

45→

44

40

**持ち手**

22→

20→

15→

10→

5→

1段目
2→

1→

本体2枚を中表に重ねて編む

1段→

★

★を内側に折り込んで4枚一緒に編む

✕ = 細編み

◯ = 鎖編み

● = 引抜き編み

┤ = 長編み

✕ = 3段め以降前段の鎖編みを束にすくって細編み
◯

∨ = ✕✕ 細編み2目編み入れる

∧ = ✕✕ 細編み2目一度

✕ = 長編み2目一度

✎ = 糸をつける

✎ = 糸を切る

42

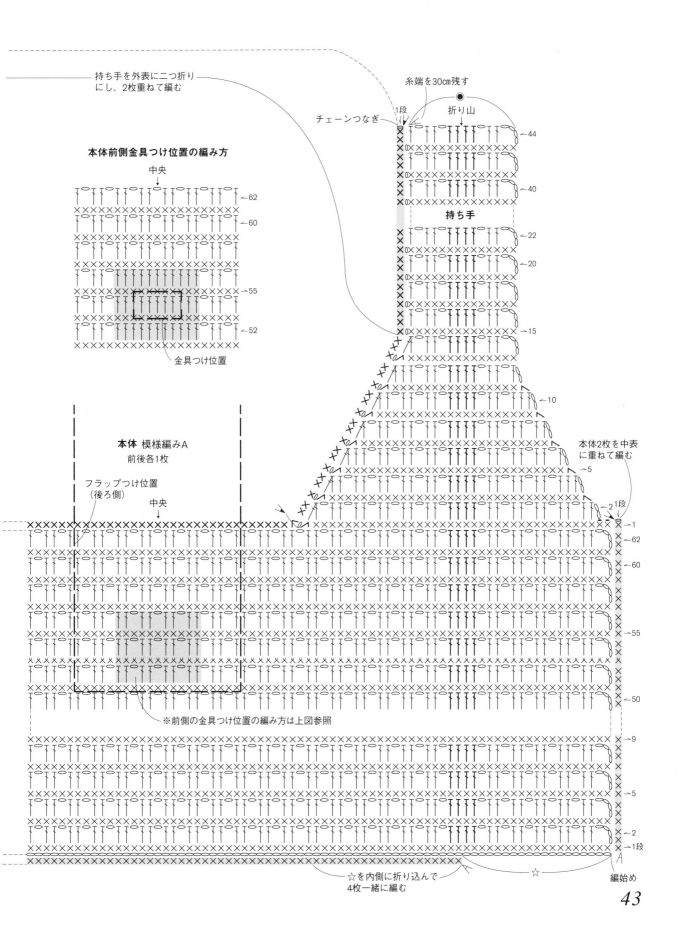

持ち手を外表に二つ折り
にし、2枚重ねて編む

糸端を30cm残す

チェーンつなぎ

1段

折り山

**本体前側金具つけ位置の編み方**

中央

←62

←60

←55

←52

金具つけ位置

**持ち手**

←44

←40

←22

←20

←15

→10

→5

本体2枚を中表
に重ねて編む

2段

→1

**本体** 模様編みA
前後各1枚

フラップつけ位置
（後ろ側）

中央

←62

←60

←55

←50

※前側の金具つけ位置の編み方は上図参照

→9

→5

→2

→1段

☆を内側に折り込んで
4枚一緒に編む

☆

編始め

A

**A** 写真·*03*ページ

糸 DARUMA SASAWASHI FLAT（25g
玉巻き）ライトブラウン（103）135g、
ブラック（105）100g

針 4/0号かぎ針

その他 INAZUMA 幅1.5cm合皮の持ち手（BM-
4216 黒）1組み、内袋用布（コットン・
黒）38×72.5cm、底板（PP シート／
27.5×8.5cm）

ゲージ メリヤス細編みの編込み模様
24目22.5段が10cm四方

サイズ 幅28cm 深さ30cm まち9cm

**編み方**
糸は1本どり。作り目以外は2本の糸で、1本
を芯にしながら指定の色で編みます。

1 底は鎖45目を作り目し、1段めは細編みで
編みます。2段めからは角で増しながらメリ
ヤス細編みで11段編み、糸を切ります。

2 側面はメリヤス細編みの編込み模様で増
減なく66段編みます。

3 内袋を仕立てます。底板を中に入れて内袋
を側面入れ口に縫いつけます。持ち手をつ
けます。

**作品のポイント**
・メリヤス細編みの編み方のポイント→ p.33
・内袋をつける前に本体をスチームアイロンで
整えます。

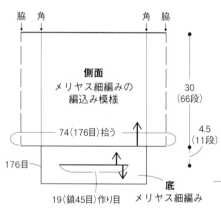

側面
メリヤス細編みの
編込み模様

74（176目）拾う
176目
19（鎖45目）作り目
底 メリヤス細編み
30（66段）
4.5（11段）

脇 角 角 脇

**仕上げ方** ※p.38参照
※内袋は本体より小さく作る

内袋用布
※（ ）内は縫い代

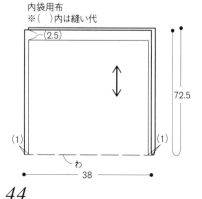

（2.5）
72.5
（1） （1）
わ
38

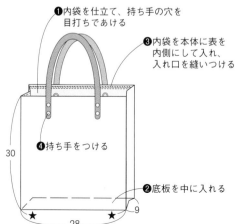

❶内袋を仕立て、持ち手の穴を
目打ちであける

❸内袋を本体に表を
内側にして入れ、
入れ口を縫いつける

❹持ち手をつける

❷底板を中に入れる

30
28
9

角 脇 角

●を繰り返す

★ ★

**底の目数と増し方**

| 段 | 目数 | 増し方 |
|---|---|---|
| 11 | 176目 | 4目増す |
| 10 | 172目 | |
| 9 | 164目 | |
| 8 | 156目 | |
| 7 | 148目 | 毎段8目増す |
| 6 | 140目 | |
| 5 | 132目 | |
| 4 | 124目 | |
| 3 | 116目 | |
| 2 | 108目 | |
| 1 | 鎖の両側から100目拾う | |

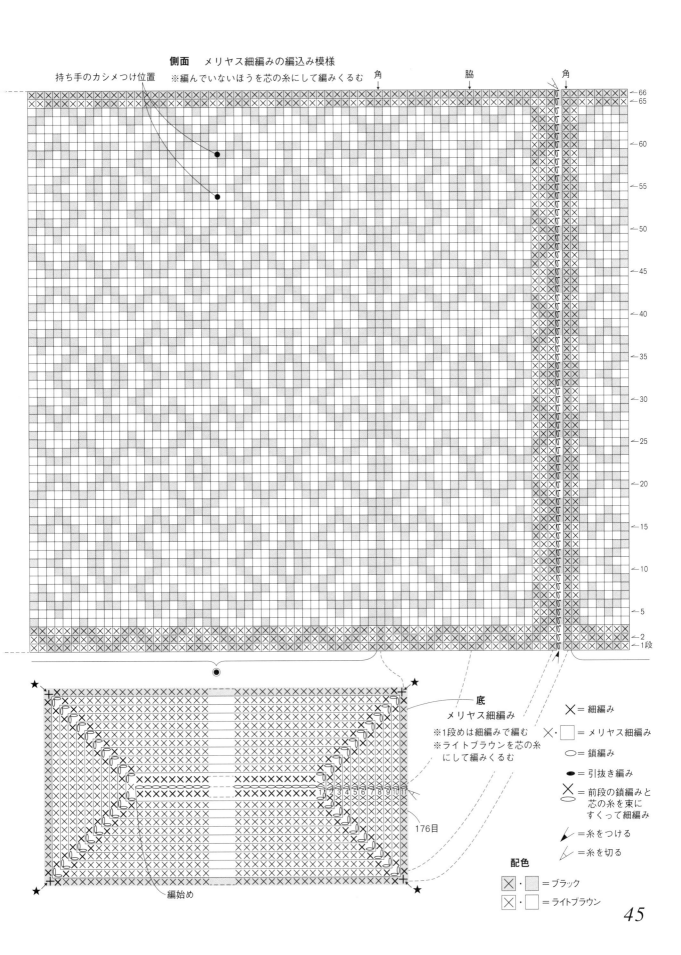

**側面** メリヤス細編みの編込み模様
※編んでいないほうを芯の糸にして編みくるむ

持ち手のカシメつけ位置

角　　　　　　脇　　　　　　角

底
メリヤス細編み

※1段めは細編みで編む
※ライトブラウンを芯の糸
にして編みくるむ

176目

編始め

× = 細編み

× ・ □ = メリヤス細編み

◯ = 鎖編み

● = 引抜き編み

× = 前段の鎖編みと
芯の糸を束に
すくって細編み

＼ = 糸をつける

＼ = 糸を切る

**配色**

× ・ ▨ = ブラック

× ・ □ = ライトブラウン

45

# C

写真・06ページ

糸　　パピー コットンコナ(40g 玉巻き)
　　　ブルー(80) 80g、ホワイト(1) 75g

針　　4/0号かぎ針

その他　角田商店 直径1.2cmマグネットホック(G36シルバー)
　　　1組み、内袋用布(コットン・青) 25.5×66cm、底板(PP
　　　シート／直径13.5cmの円)

ゲージ　細編みの筋編みの編込み模様
　　　28目21段が10cm四方

サイズ　底の直径14cm　深さ22.5cm

## 編み方

糸は1本どり。作り目と47段め以外は2本の糸で、1本を芯に
しながら指定の色で編みます。

1　底は輪の作り目をし、細編みの筋編みの編込み模様で増
　　しながら15段編みます。

2　側面は細編みの筋編みの編込み模様で増減なく46段
　　編みます。47段めはブルーの糸で細編みと鎖3目のピコッ
　　トを編みます。

3　肩ひもは鎖308目を作り目し、細編みの筋編みを編みま
　　す。側面内側の脇にとじつけます。

4　内袋を仕立て、マグネットホックをつけます。底板を中に
　　入れ、内袋を側面入れ口に縫いつけます。

## 作品のポイント

・編込みは斜行しにくい細編みの筋編みで編むと模様がきれ
　いに見えます。細編みの筋編みの編み方ポイント→ p.33

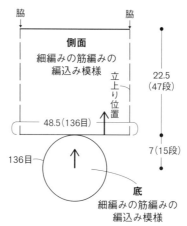

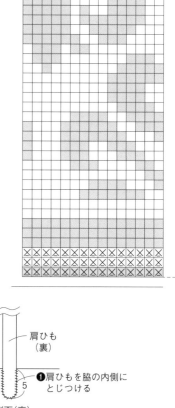

## 仕上げ方

※❷～❺はp.39参照
※内袋は本体より
　小さく作る

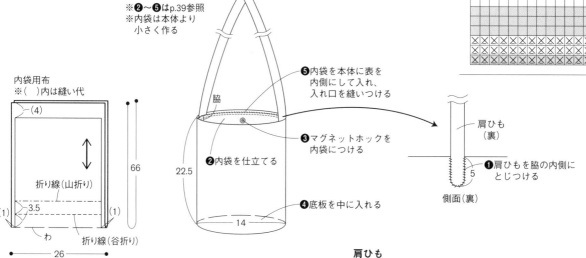

内袋用布
※(　)内は縫い代

❺内袋を本体に表を
　内側にして入れ、
　入れ口を縫いつける

❸マグネットホックを
　内袋につける

❷内袋を仕立てる

❹底板を中に入れる

❶肩ひもを脇の内側に
　とじつける

## 肩ひも

細編みの筋編み

※細編み、細編みの筋編みは編んでいないほうを芯の糸にして編みくるむ

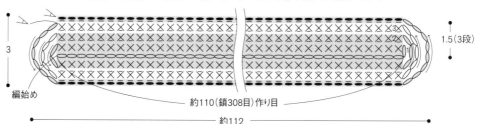

約110(鎖308目)作り目

約112

編始め

## 側面　細編みの筋編みの編込み模様

※46段めまでは編んでいないほうを芯の糸にして編みくるむ。47段めは編みくるまない

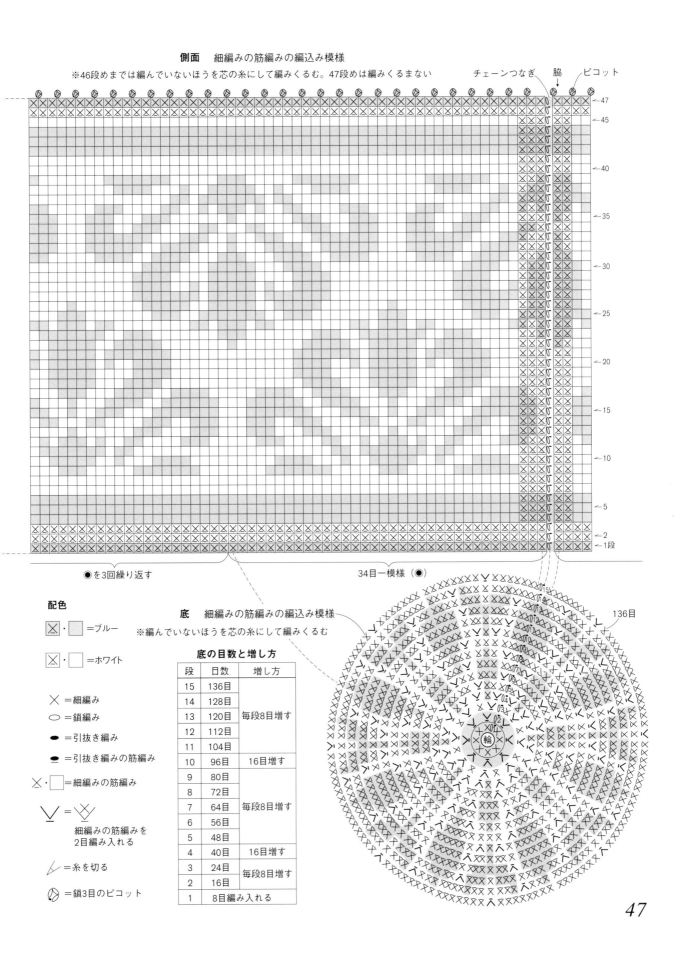

チェーンつなぎ　脇　ピコット

←47
←45
←40
←35
←30
←25
←20
←15
←10
←5
←2
←1段

●を3回繰り返す　　　34目一模様（●）

## 配色

| | |
|---|---|
| ⊠・▨ | =ブルー |
| ⊠・□ | =ホワイト |

✕ ＝細編み

◯ ＝鎖編み

● ＝引抜き編み

◖ ＝引抜き編みの筋編み

✕・□ ＝細編みの筋編み

∨ ＝ ∨ 細編みの筋編みを
2目編み入れる

╱ ＝糸を切る

◉ ＝鎖3目のピコット

## 底　細編みの筋編みの編込み模様

※編んでいないほうを芯の糸にして編みくるむ

136目

### 底の目数と増し方

| 段 | 目数 | 増し方 |
|---|---|---|
| 15 | 136目 | |
| 14 | 128目 | 毎段8目増す |
| 13 | 120目 | |
| 12 | 112目 | |
| 11 | 104目 | |
| 10 | 96目 | 16目増す |
| 9 | 80目 | |
| 8 | 72目 | |
| 7 | 64目 | 毎段8目増す |
| 6 | 56目 | |
| 5 | 48目 | |
| 4 | 40目 | 16目増す |
| 3 | 24目 | 毎段8目増す |
| 2 | 16目 | |
| 1 | 8目編み入れる | |

47

# D

写真・*07*ページ

糸　　パピー コットンコナ(40g 玉巻き)
　　　ホワイト(1) 30g、ブルー(80) 25g
針　　4/0号かぎ針
ゲージ　細編みの筋編みの編込み模様　28目21段が10cm四方
サイズ　底の直径10cm　深さ13.5cm

**編み方**
糸は1本どり。作り目と28段め、ひも以外は2本の糸で、1本を芯にしながら指定の色で編みます。

1 底は輪の作り目をし、細編みの筋編みの編込み模様で増しながら10段編みます。

2 続けて側面は細編みの筋編みの編込み模様で増減なく27段編みます。途中、指定の位置でひも通し穴をあけながら編みます。28段めはブルーの糸で細編みと鎖3目のピコットを編みます。

3 ひもは鎖編みで編みます。ひも通し穴にひもを通し、ひも端にタッセルを作ります。

**側面**
細編みの筋編みの
編込み模様

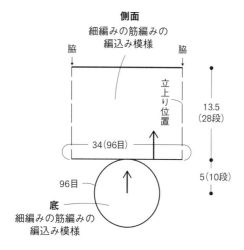

脇　　　　　脇

立上り位置

34(96目)

13.5
(28段)

5(10段)

96目

**底**
細編みの筋編みの
編込み模様

**仕上げ方**

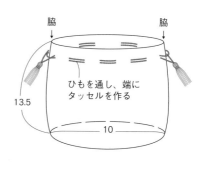

脇　　　　　脇

ひもを通し、端に
タッセルを作る

13.5

10

**ひも　鎖編み**
2本　ブルー
※編み始め、編終りの糸端を15cm残す

約40(鎖100目)

**タッセルの作り方**

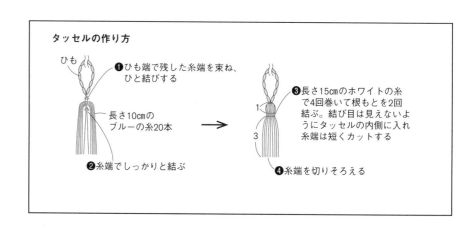

ひも

❶ひも端で残した糸端を束ね、ひと結びする

長さ10cmのブルーの糸20本

❷糸端でしっかりと結ぶ

❸長さ15cmのホワイトの糸で4回巻いて根もとを2回結ぶ。結び目は見えないようにタッセルの内側に入れ糸端は短くカットする

❹糸端を切りそろえる

## 側面
### 細編みの筋編みの編込み模様
※27段めまでは編んでいないほうを芯の糸にして編みくるむ。
28段めは編みくるまない

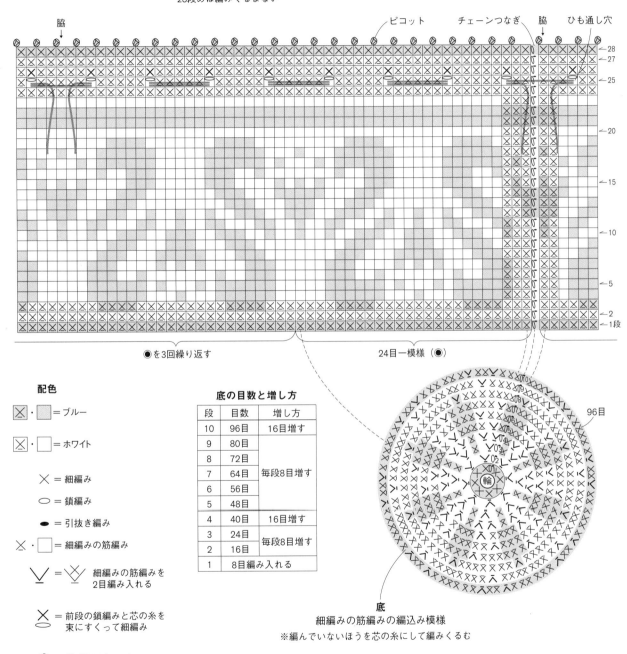

脇　ピコット　チェーンつなぎ　脇　ひも通し穴

◉を3回繰り返す　　24目一模様（◉）

### 配色

☒・▨ ＝ブルー

☒・☐ ＝ホワイト

╳ ＝細編み

◯ ＝鎖編み

⬬ ＝引抜き編み

☒・☐ ＝細編みの筋編み

Ⅴ ＝ 細編みの筋編みを2目編み入れる

╳ ＝ 前段の鎖編みと芯の糸を束にすくって細編み

⬭ ＝ 鎖3目のピコット

### 底の目数と増し方

| 段 | 目数 | 増し方 |
|---|---|---|
| 10 | 96目 | 16目増す |
| 9 | 80目 | |
| 8 | 72目 | |
| 7 | 64目 | 毎段8目増す |
| 6 | 56目 | |
| 5 | 48目 | |
| 4 | 40目 | 16目増す |
| 3 | 24目 | 毎段8目増す |
| 2 | 16目 | |
| 1 | 8目編み入れる | |

96目

### 底
細編みの筋編みの編込み模様
※編んでいないほうを芯の糸にして編みくるむ

# E

糸　パピー ヌーボラ(50g 玉巻き)スミクロ(410) 250g、
　　パピーリネン100 (40g 玉巻き) ブラック(910) 160g

針　7/0号かぎ針

その他　底板(PP シート／30×14cmの六角形)

ゲージ　細編み、模様編み　17目19.5段が10cm四方

サイズ　入れ口幅38.5cm　深さ32cm

**編み方**

糸はヌーボラとリネン100各1本の2本どりで編みます。

1　底は鎖28目を作り目し、細編みで増減しながら28段編みます。続けて底の回りを細編みで1段、引抜き編みで1段編み、糸を切ります。

2　側面は底の引抜き編みを拾い、模様編みで往復して輪に編みます。増減なく54段編み、糸を切ります。

3　糸をつけ、側面と持ち手を片方ずつ減らしながら編みます。

4　持ち手部分を中表に重ね、残した糸で巻きかがり(全目) します。

5　持ち手と入れ口の回りを細編みで1段編みます。

**作品のポイント**

・引上げ編み、引上げの変り交差編みは、あまりきつく引きすぎないように少しゆったり編みましょう。

・底の内側の引抜き編みから側面を拾っていることで、バッグの六角形のエッジがすっきりと見えます。

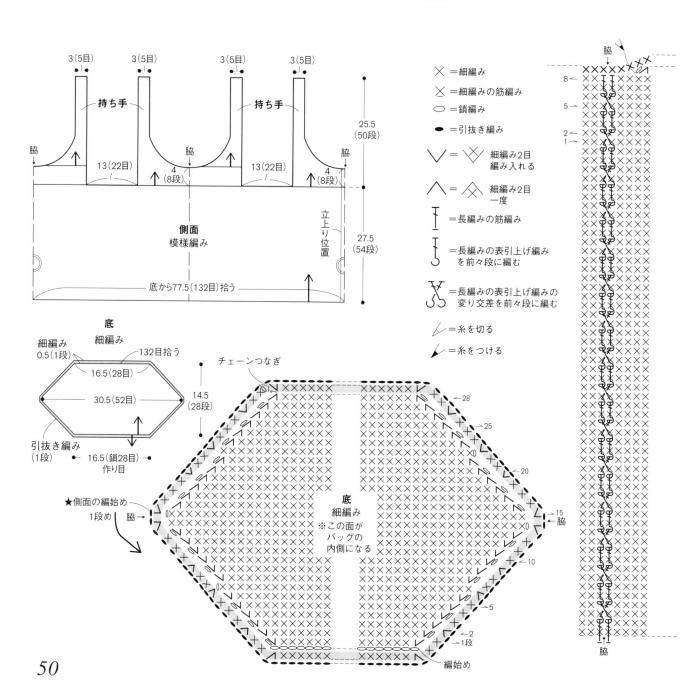

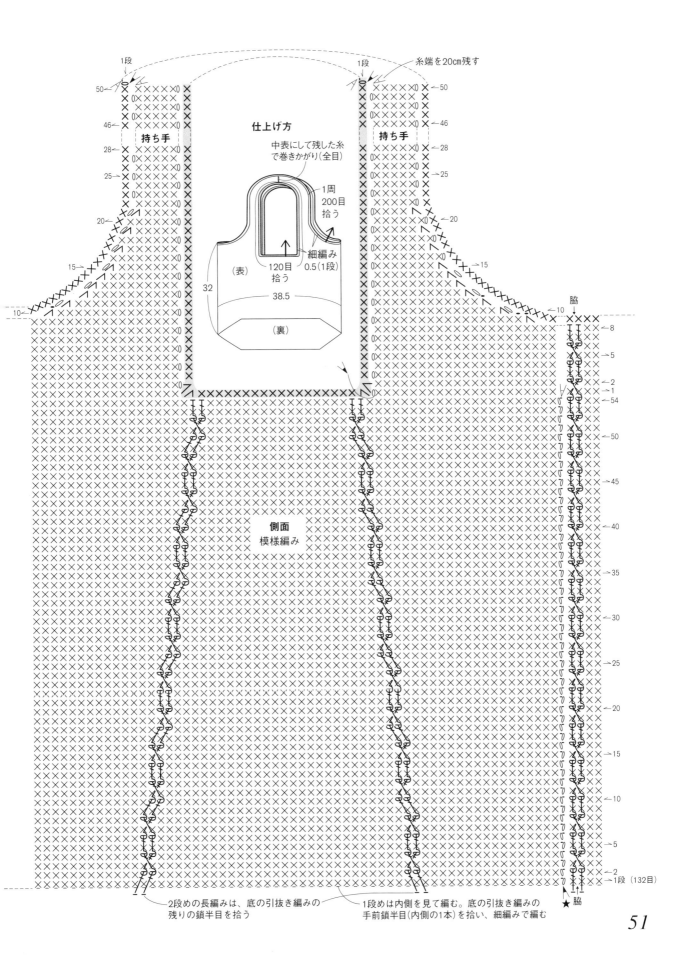

仕上げ方

中表にして残した糸で巻きかがり(全目)

1周200目拾う

細編み0.5(1段)

120目拾う

(表)

32

38.5

(裏)

1段

糸端を20cm残す

持ち手

側面
模様編み

脇

★ 脇

1段（132目）

2段めの長編みは、底の引抜き編みの残りの鎖半目を拾う

1段めは内側を見て編む。底の引抜き編みの手前鎖半目(内側の1本)を拾い、細編みで編む

*51*

# F
写真・10ページ

糸　DARUMA SASAWASHI（25g 玉巻き）オレンジ（10）80g
針　5/0号かぎ針
その他　長さ25cmのファスナー（黒）
ゲージ　模様編み　21目が10cm、9段が5.5cm
サイズ　幅11cm　深さ21cm　まち1cm

## 編み方
糸は1本どりで編みます。

1　まちは鎖26目を作り目し、細編みで1段編みます。同じものをもう1枚編みます。

2　本体は鎖66目を作り目し、模様編みで増しながら往復して輪に9段編みます。糸は切らずに休めます。

3　内ポケットは鎖14目を作り目し、細編みで増減なく15段編み、回りに細編みと引抜き編みの筋編みを1段編みます。

4　本体内側に内ポケットをとじつけます。

5　本体を底で二つ折りにします。まちと外表に重ね、本体の休めた糸で引抜き編みの筋編みでつなぎます。

6　肩ひもをえび編みで編み、本体後ろ側にとじます。

7　入れ口にファスナーをつけます。

8　ファスナー飾りを作り、ファスナーにつけます。

## 作品のポイント
・えび編みは伸びが少なくしっかりしているので、肩ひもなどに最適です。

・まちをつけることで、格段に使いやすくなります。

・目の間のすきまを防ぐため、段の終りは同じ段の始めの1目に引き抜き、立上り目は1目と数えません。

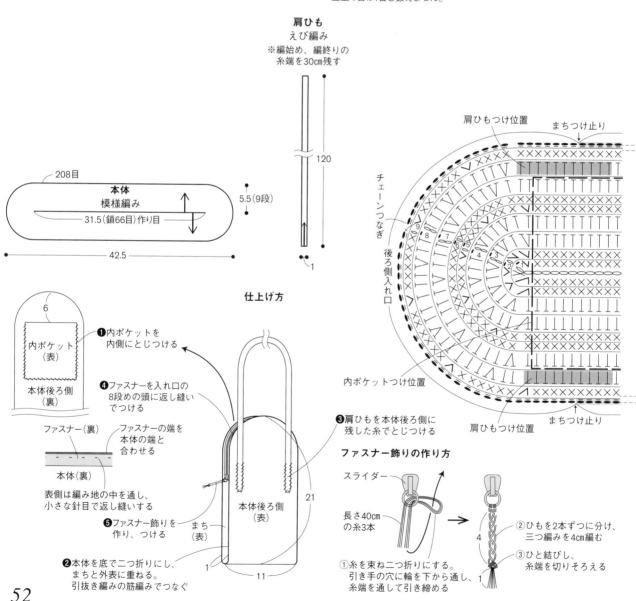

**肩ひも**
えび編み
※編始め、編終りの
糸端を30cm残す

120
1
5.5（9段）

**本体**
模様編み
208目
31.5（鎖66目）作り目
42.5

**仕上げ方**

内ポケット（表）
6
本体後ろ側（裏）

❶内ポケットを
内側にとじつける

ファスナー（裏）
ファスナーの端を
本体の端と
合わせる
本体（裏）
表側は編み地の中を通し、
小さな針目で返し縫いする

❹ファスナーを入れ口の
8段めの頭に返し縫い
でつける

❺ファスナー飾りを
作り、つける

❷本体を底で二つ折りにし、
まちと外表に重ねる。
引抜き編みの筋編みでつなぐ

本体後ろ側（表）
まち（表）
1
11
21

❸肩ひもを本体後ろ側に
残した糸でとじつける

肩ひもつけ位置
まちつけ止り
チェーンつなぎ
後ろ側入れ口
内ポケットつけ位置
肩ひもつけ位置
まちつけ止り

**ファスナー飾りの作り方**
スライダー
長さ40cm
の糸3本
4
1

①糸を束ね二つ折りにする。
引き手の穴に輪を下から通し、
糸端を通して引き締める

②ひもを2本ずつに分け、
三つ編みを4cm編む

③ひと結びし、
糸端を切りそろえる

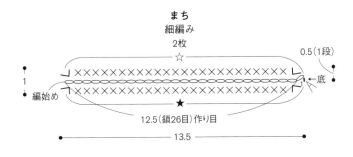

まち
細編み
2枚

0.5(1段)
☆
底
1
編始め
12.5(鎖26目)作り目
★
13.5

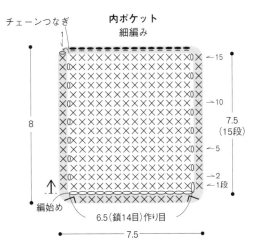

チェーンつなぎ
内ポケット
細編み
1
←15
←10
8
7.5
(15段)
←5
←2
←1段
編始め
6.5(鎖14目)作り目
7.5

### 本体の目数と増し方

| 段 | 目数 | 増し方 |
|---|---|---|
| 9 | 208目 | 毎段10目増す |
| 8 | 198目 | |
| 7 | 188目 | |
| 6 | 178目 | 増減なし |
| 5 | 178目 | 毎段10目増す |
| 4 | 168目 | |
| 3 | 158目 | |
| 2 | 148目 | |
| 1 | 鎖の両側から138目拾う | |

### 本体
模様編み

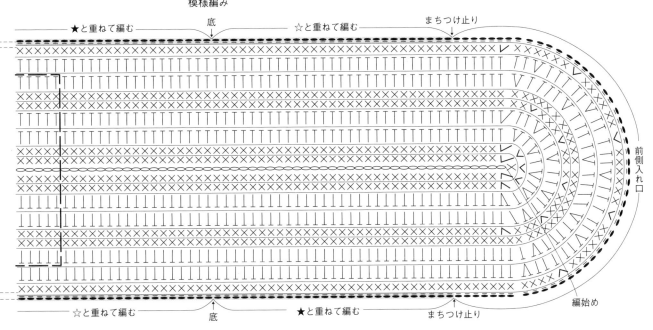

★と重ねて編む  底  ☆と重ねて編む  まちつけ止り

前側入れ口

編始め

☆と重ねて編む  底  ★と重ねて編む  まちつけ止り

✕＝細編み
◯＝鎖編み
ͳ＝中長編み
●＝引抜き編み
●＝引抜き編みの筋編み

∨＝細編み2目編み入れる
∨＝中長編み2目編み入れる
∕＝糸を切る

# G 写真・11ページ

糸　　　ハマナカ エコアンダリヤ(40g 玉巻き) シルバー(174) 275g
針　　　5/0号かぎ針
ゲージ　模様編み　24目24段が10cm四方
サイズ　幅36cm　深さ24cm

## 編み方

糸は1本どりで編みます。

1　本体は鎖4目の輪の作り目をし、模様編みで往復して編みます。角と
　　入れ口側で増し、6段ごとに底側を2段増しながら43段まで編みます。
　　途中、36段めで鎖35目を作り目し、持ち手部分を往復して輪に7段編
　　みます。

2　同じものをもう1枚編みます。

3　本体2枚を中表に重ね、外回りを引抜きはぎの要領で鎖編みと引抜き
　　編みでつなぎます。

4　持ち手部分を外表に重ね、巻きかがり(全目) します。

## 作品のポイント

・入れ口側で斜めに編み増し、底側で段を増して縦長に形作っています。
・入れ口側の端の鎖にマーカーをつけながら編むと編みやすいです。
・中心から編むことで、糸を切らずに片面を編むことができます。

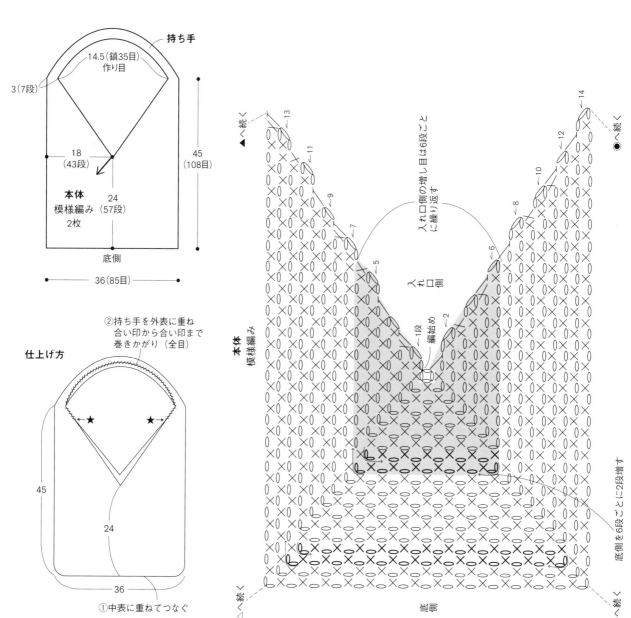

**持ち手**

14.5(鎖35目)
作り目

3(7段)

18
(43段)

45
(108目)

**本体**
模様編み
2枚

24
(57段)

底側

36(85目)

**仕上げ方**

②持ち手を外表に重ね
合い印から合い印まで
巻きかがり(全目)

45

24

36

①中表に重ねてつなぐ

**本体**
模様編み

入れ口側の増し目は6段ごと
に繰り返す

入れ口側

1段
編始め

底側を6段ごとに2段増す

底側

54

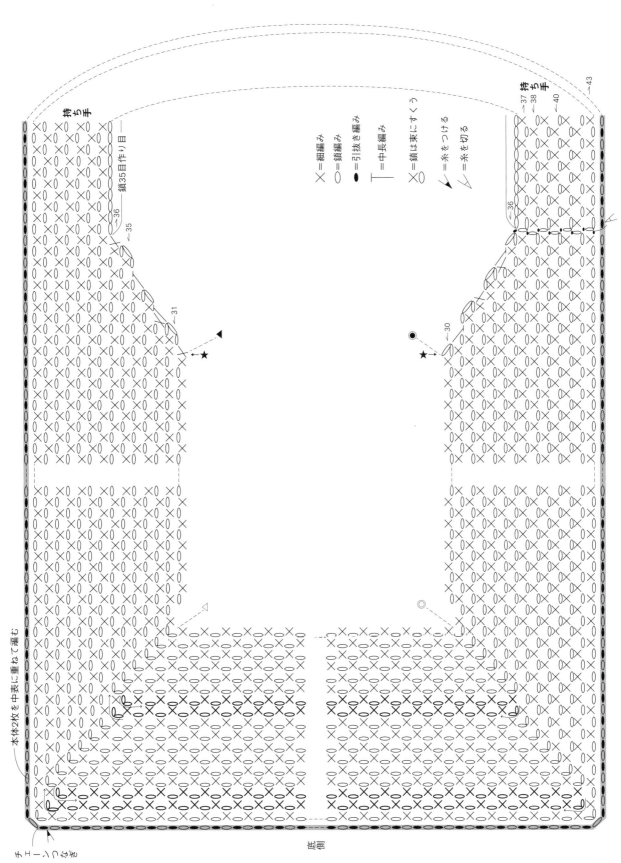

持ち手

鎖35目作り目

←36
←35

←31
←★

X＝細編み
〇＝鎖編み
●＝引抜き編み
T＝中長編み
XO＝鎖は束にすくう
＝糸をつける
＝糸を切る

→37
→38
→40
→43

持ち手

←36

←30
★→

本体2枚を中表に重ねて編む

底側

# H

| | |
|---|---|
| 糸 | DARUMA SASAWASHI FLAT（25g 玉巻き）薄小麦(101) 150g |
| 針 | 4/0号かぎ針 |
| その他 | 角田商店 角カン(M21ゴールド・15×12mm) 2個 |
| | 長さ25cmのファスナー(ベージュ) 1本 |
| ゲージ | 模様編み　27目23段が10cm四方 |
| サイズ | 幅20cm　深さ14cm　まち11cm |

## 編み方

糸は1本どりで編みます。

1　まちは鎖27目を作り目し、模様編みで編みます。回りに細編みを編みます。

2　本体は鎖51目を作り目をし、模様編みで編みます。1枚を編んだら糸を休め、新しい糸で反対側を編み、糸を休めます。

3　先に休めた糸で脇に細編みを編みます。もう一方の糸で反対側の脇に細編みを編み、続けて本体とまちの入れ口に縁編みを編んで輪にします。

4　本体とまちを引抜きはぎの要領で、引抜き編みの筋編みでつなぎます。

5　角カンから目を拾って、肩ひもを編み、まちに引抜き編みでつけます。

6　入れ口にファスナーをつけます。

7　持ち手を編み、本体に引抜き編みでつけます。

## 作品のポイント

・本体、まちを編んで組み立ててから、肩ひもや持ち手、ファスナーをつけます。→ p.34、35

### 肩ひも
細編み

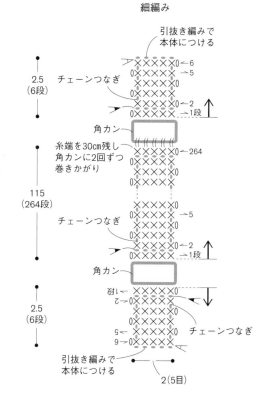

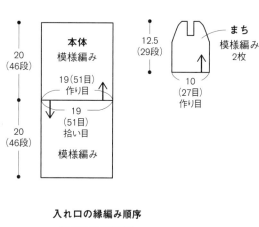

### 入れ口の縁編み順序

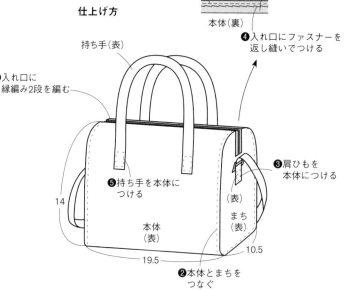

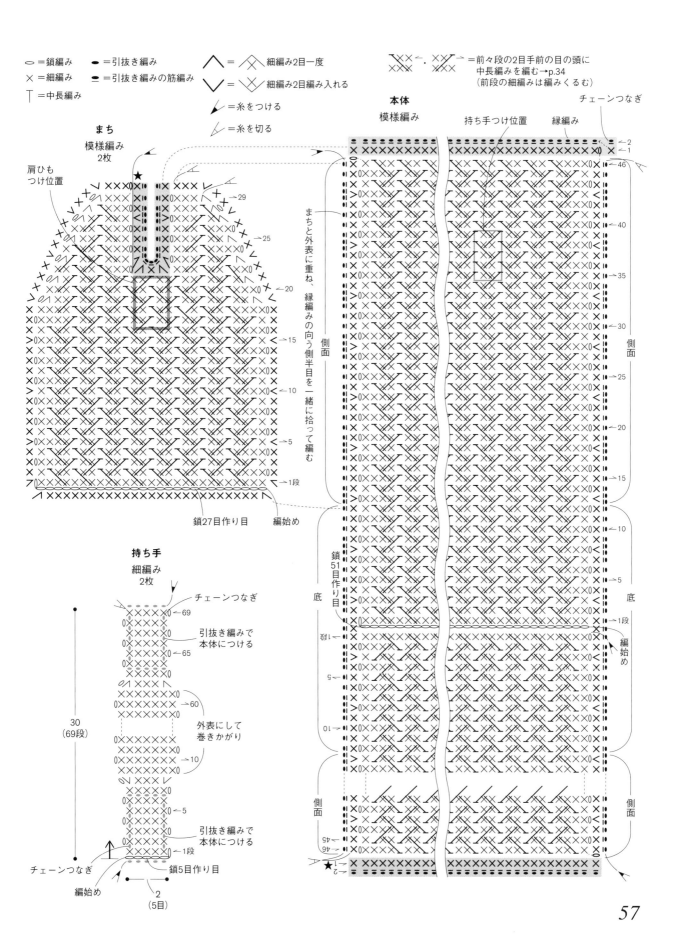

# 1 <small>写真・*13*ページ</small>

| | |
|---|---|
| 糸 | DARUMA SASAWASHI FLAT（25g 玉巻き）薄小麦(101) 35g |
| 針 | 4/0号かぎ針 |
| その他 | 角田商店 マグネットホック(G59直径8mm・ゴールド) 1組み |
| ゲージ | 模様編み　27目23段が10cm四方 |
| サイズ | 幅11cm　深さ8cm |

## 編み方
糸は1本どりで編みます。

1　本体は鎖57目を作り目し、模様編みと細編みで編みます。

2　回りに縁編みを編みます。

3　マグネットホックをつけます。

4　仕上げ方を参照し、組み立てます。

## 作品のポイント
・1枚の平らな編み地をたたんでケースに仕立てます。

・模様編みの編み方→ p.34

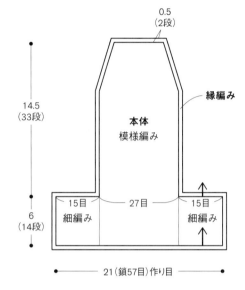

0.5
(2段)

14.5
(33段)

縁編み

**本体**
模様編み

6
(14段)

15目
細編み

27目

15目
細編み

21（鎖57目）作り目

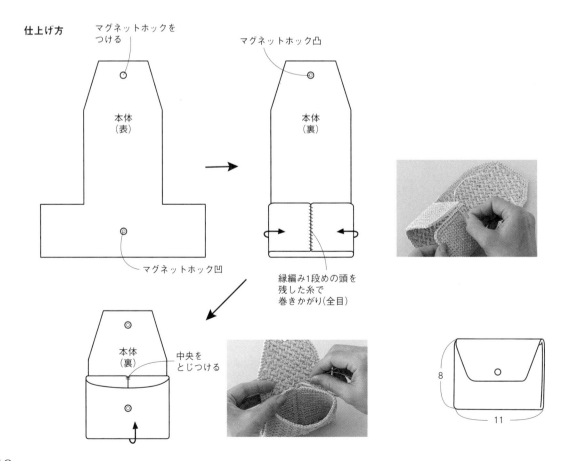

**仕上げ方**

マグネットホックを
つける

マグネットホック凸

本体
(表)

本体
(裏)

マグネットホック凹

縁編み1段めの頭を
残した糸で
巻きかがり(全目)

本体
(裏)

中央を
とじつける

8

11

**本体**
模様編み・細編み

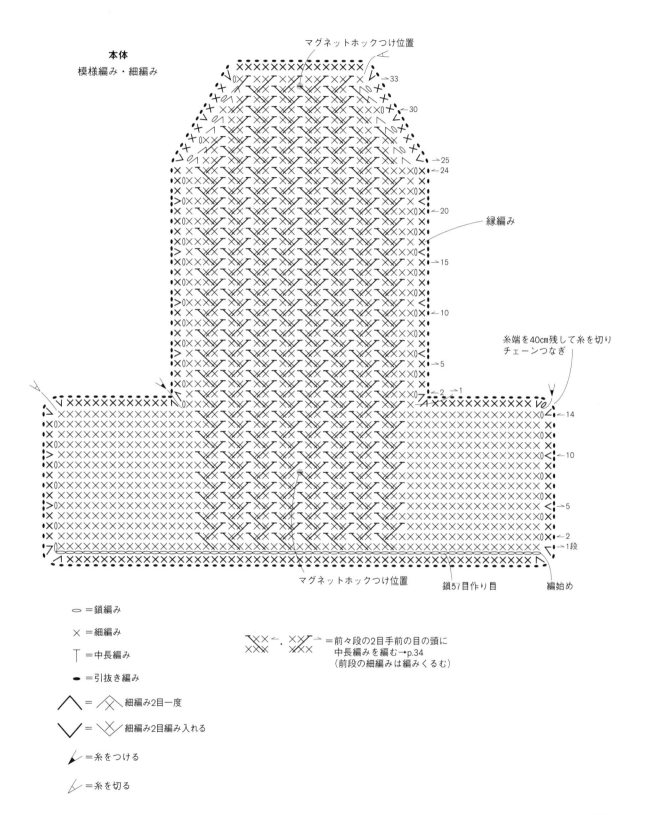

マグネットホックつけ位置

→33
→30
→25
→24
→20
縁編み
→15
→10
糸端を40cm残して糸を切り
チェーンつなぎ
→2 →1
→14
→10
→5
→2
→1段

マグネットホックつけ位置
鎖57目作り目
編始め

◯ ＝鎖編み

✕ ＝細編み

〒 ＝中長編み

● ＝引抜き編み

⋀ ＝ 細編み2目一度

⋁ ＝ 細編み2目編み入れる

＝糸をつける

＝糸を切る

✕✕✕← ・ ✕✕✕→ ＝前々段の2目手前の目の頭に
　　　　　　　　　　中長編みを編む→p.34
　　　　　　　　　　（前段の細編みは編みくるむ）

59

# J 写真・14ページ

| 糸 | メルヘンアート マニラヘンプヤーン(20g 玉巻き) |
| --- | --- |
| | ミルク(511) 125g、コーヒー(513) 35g |
| 針 | 5/0号かぎ針 |
| その他 | 底板(PPシート／直径13.5cmの八角形) |
| ゲージ | 模様編みA、B　23.5目19段が10cm四方 |
| サイズ | 底の直径14cm　深さ23cm |

## 編み方
糸は1本どり。作り目と持ち手以外は2本の糸で、1本を芯にしながら指定の色で編みます。
1　底は輪の作り目をし、模様編みAで増しながら13段編みます。
2　側面は模様編みBで増減しながら往復して輪に44段編みます。
3　持ち手はコーヒーで、入れ口に鎖編みと引抜き編みで番号順に編みます。
4　底板を中に入れます。

## 作品のポイント
・引上げ編みの高さが足りないと、側面のきれいな形が出せません。引上げ編みの高さを細編みとしっかり合わせましょう。

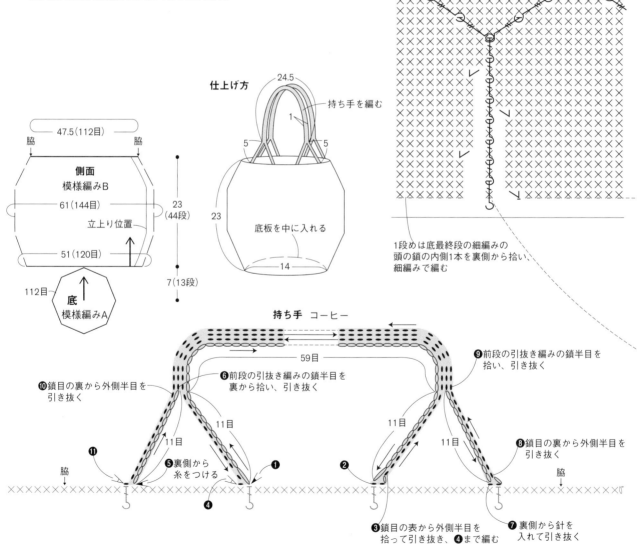

1段めは底最終段の細編みの頭の鎖の内側1本を裏側から拾い、細編みで編む

**仕上げ方**

持ち手を編む

底板を中に入れる

**側面**
模様編みB

47.5(112目)

脇　　　脇

61(144目)

立上り位置

51(120目)

112目

**底**
模様編みA

23(44段)

7(13段)

24.5
1
5　5
23
14

**持ち手　コーヒー**

⑩鎖目の裏から外側半目を引き抜く

⑥前段の引抜き編みの鎖半目を裏から拾い、引き抜く

⑨前段の引抜き編みの鎖半目を拾い、引き抜く

59目

11目

⑤裏側から糸をつける

11目

11目

11目

⑧鎖目の裏から外側半目を引き抜く

⑪

①

②

脇

④

③鎖目の表から外側半目を拾って引き抜き、④まで編む

⑦裏側から針を入れて引き抜く

脇

60

側面　模様編みB
※編んでいないほうを芯の糸にして編みくるむ

脇

←44
→41(112目)
40
←35
←30
←25
←20
←15
→13
(144目)
→10
→5
←2
←1段
(120目)

●を3回繰り返す

一模様（●）

底
模様編みA
※ミルク1本を芯の糸
にして編みくるむ

輪

112目

配色

▨・⌇・⌇ ＝コーヒー

□ ＝ミルク

×＝細編み
⊠＝細編みの筋編み
○＝鎖編み
●＝引抜き編み
＝長編みの表引上げ編み
を前々段に編む
＝長々編みの表引上げ編み
を前々段に編む
Ｖ＝細編み2目編み入れる
Ｖ＝細編みの筋編みを2目編み入れる
Λ＝細編み2目一度
＝長々編みの表引上げ編み2目一度を前々段に編む
Ｘ＝前段の鎖編みと芯の糸を束にすくって細編み

↘＝糸を切る
↗＝糸をつける

## 底の目数と増し方

| 段 | 目数 | 増し方 |
|---|---|---|
| 13 | 112目 | |
| 12 | 104目 | |
| 11 | 96目 | |
| 10 | 88目 | |
| 9 | 80目 | |
| 8 | 72目 | |
| 7 | 64目 | 毎段8目増す |
| 6 | 56目 | |
| 5 | 48目 | |
| 4 | 40目 | |
| 3 | 32目 | |
| 2 | 24目 | |
| 1 | 16目編み入れる | |

61

# K

写真・*16*ページ

| | |
|---|---|
| 糸 | メルヘンアート マニラヘンプヤーン〜スティン〜（20g 玉巻き）<br>ちょうじ（542）240g |
| 針 | 6/0号かぎ針 |
| その他 | 直径0.6㎝のコットンロープ180㎝、内径0.8㎝のハトメ（ゴールド）18組み、底板（PPシート／直径18.5㎝） |
| ゲージ | メリヤス細編み　17.5目21段が10㎝四方 |
| サイズ | 底の直径19㎝　深さ34㎝ |

## 編み方

糸は1本どりで編みます。

1 底は輪の作り目をし、1段めは細編みで、2段めからはメリヤス細編みで増しながら20段編みます。続けて引抜き編みを編み、糸を切ります。

2 側面の1段めは底の20段めのメリヤス細編みの向う側鎖半目をすくい細編みの筋編みを編みます。2段め以降はメリヤス細編みで増減なく71段編みますが、途中、指定の位置でハトメつけ穴をあけながら編みます。最後に引抜き編みを編み、糸を切ります。

3 ハトメをつけてロープを通し、ロープの先を内側で結びます。底板を中に入れます。

## 作品のポイント

・底と側面の編終りに引抜き編みを編むことで伸びも抑えられ、シャープな印象に。

・ロープの長さは実際に持ってみて、長さを確認してから結びましょう。

・底板は底の大きさよりひと回り小さくカットします。

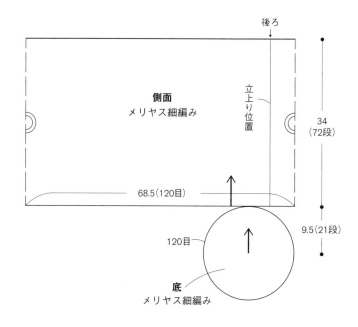

後ろ

側面<br>メリヤス細編み

立上り位置

34<br>（72段）

68.5（120目）

9.5（21段）

120目

**底**<br>メリヤス細編み

### 仕上げ方

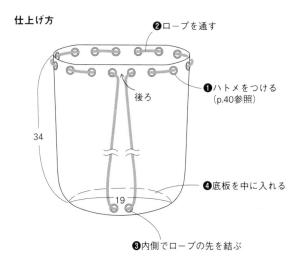

❷ロープを通す

❶ハトメをつける<br>（p.40参照）

後ろ

34

❹底板を中に入れる

19

❸内側でロープの先を結ぶ

後ろ　チェーンつなぎ

—72
—71
—70
—68
—65
—10
—5
—2
×—1段

**側面** メリヤス細編み　　8回繰り返す　　ロープ

ハトメつけ穴

6回繰り返す

21
20
19
18
17
16
15
14
13
12
11
10
9
8
7
6
5
4
3
2
1
輪

チェーンつなぎ

120目

**底**
メリヤス細編み
※1段めは細編みで編む

× ＝細編み

× ＝メリヤス 細編み

○ ＝鎖編み

● ＝引抜き編み

× ＝細編みの筋編み

∨ ＝ メリヤス細編み2目編み入れる

× ＝前段の鎖編みを束にすくって細編み
○

↙ ＝糸をつける

**底の目数と増し方**

| 段 | 目数 | 増し方 |
|---|---|---|
| 21 | 120目 | 増減なし |
| 20 | 120目 | |
| 19 | 114目 | |
| 18 | 108目 | |
| 17 | 102目 | |
| 16 | 96目 | |
| 15 | 90目 | |
| 14 | 84目 | |
| 13 | 78目 | 毎段6目増す |
| 12 | 72目 | |
| 11 | 66目 | |
| 10 | 60目 | |
| 9 | 54目 | |
| 8 | 48目 | |
| 7 | 42目 | |
| 6 | 36目 | |
| 5 | 30目 | |
| 4 | 24目 | |
| 3 | 18目 | |
| 2 | 12目 | |
| 1 | 6目編み入れる | |

63

# L

写真・18ページ

糸　ハマナカ エコアンダリヤ（40g玉巻き）
　　ベージュ(23) 120g、ミントグリーン
　　(902) 90g、オフホワイト(168) 20g
針　5/0号かぎ針
ゲージ　細編みの筋編み
　　23.5目15段が10cm四方
サイズ　入れ口幅38cm　深さ26cm

## 編み方

糸は1本どり。作り目と持ち手以外は3本の糸で、
2本を芯にしながら指定の色で編みます。

1　底はベージュの糸で鎖42目を作り目し、1
　　段めは細編みで、2段めからは細編みの筋
　　編みで増しながら8段編み、糸を切ります。
2　側面は底から拾い、細編みの筋編みの編
　　込み模様で増しながら3段編みます。続け
　　て増減なく39段めまで編み、糸を切ります。
3　持ち手はベージュの糸で鎖98目を作り目し
　　て細編みを1段編み、糸を切ります。編み
　　地を外表に重ね、引抜きはぎの要領で引抜
　　き編みの筋編みでつなぎ、側面内側にとじ
　　つけます。

## 作品のポイント

・編込みは、斜行しにくい細編みの筋編みで
　編むと模様がきれいに見えます。細編みの筋
　編みの編み方ポイント→ p.33
・側面と編み地の厚さを合わせるために、底も
　2本の糸を編みくるみます。筋編みの編み方
　ポイントを参照し、親指で芯の糸2本を押さ
　えて編みます。

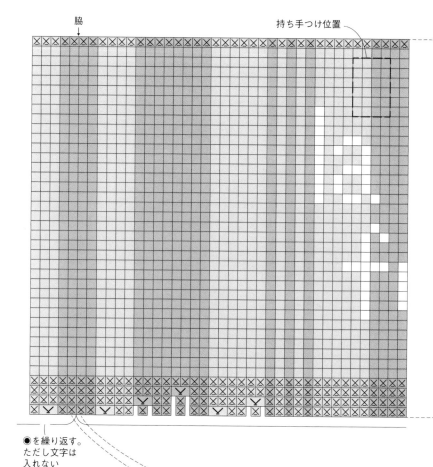

脇　　　持ち手つけ位置

●を繰り返す。
ただし文字は
入れない

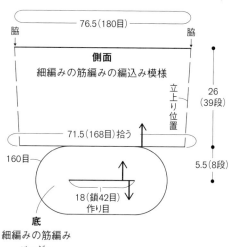

76.5(180目)
脇　　　　　　　　脇
**側面**
細編みの筋編みの編込み模様
立上り位置
26(39段)
71.5(168目)拾う
160目
5.5(8段)
18(鎖42目)
作り目
**底**
細編みの筋編み
ベージュ

**仕上げ方**

持ち手(裏)
(裏)
指定の位置の内側
にとじつける
38
26

╳ =細編み
◯ =鎖編み
● =引抜き編み
● =引抜き編みの筋編み
╳・□ =細編みの筋編み
∨ = 細編み2目編み入れる
∨ = 細編みの筋編みを2目編み入れる

64

## 側面　細編みの筋編みの編込み模様

※編んでいないほうの2本を芯の糸にして編みくるむ

持ち手つけ位置

脇　チェーンつなぎ

←39
←35
←30
←25
←20
←15
←10
←5
←3（180目）
←2（176目）
←1段（168目）

一模様（◉）

## 底　細編みの筋編み

ベージュ

※ミントグリーン、オフホワイト各1本を芯の糸にして編みくるむ

160目

編始め

╱ ＝糸を切る

╲ ＝糸をつける

### 配色

| | |
|---|---|
| ⊠・▢ | ＝ベージュ |
| ⊠・▨ | ＝ミントグリーン |
| ⊠・▢ | ＝オフホワイト |

### 底の目数と増し方

| 段 | 目数 | 増し方 |
|---|---|---|
| 8 | 160目 | |
| 7 | 150目 | |
| 6 | 140目 | |
| 5 | 130目 | 毎段10目増す |
| 4 | 120目 | |
| 3 | 110目 | |
| 2 | 100目 | |
| 1 | 鎖の両側から90目拾う | |

## 持ち手　細編み　2本

ベージュ

※1段めはベージュ1本を芯の糸にして編みくるむ

作り目で外表に二つ折りにし、
★の目半目に針を入れて編む

編始め

←15目→　←15目→　★　←15目→　←15目→

0.5（1段）

●――――――――42（鎖98目）作り目――――――――●

65

**M** 写真・*19*ページ

| | |
|---|---|
| 糸 | ハマナカ エコアンダリヤ(40g 玉巻き) ベージュ(23) 30g、<br>ミントグリーン(902) 30g、オフホワイト(168) 10g |
| 針 | 5/0号かぎ針 |
| その他 | 長さ20cmのファスナー(白) |
| ゲージ | 細編みの筋編みの編込み模様、<br>細編みの筋編み 23.5目15段が10cm四方 |
| サイズ | 入れ口幅20.5cm 深さ15cm |

**編み方**

糸は1本どり。作り目以外は3本の糸で、2本を芯にしながら指定の色で編みます。

1 底はベージュの糸で鎖32目を作り目し、1段めは細編みで、2段めからは細編みの筋編みで増しながら3段編みます。

2 続けて側面を細編みの筋編みの編込み模様で増しながら1段編みます。2段めからは増減なく22段まで編み、糸を切ります。

3 入れ口にファスナーをつけます。

**作品のポイント**

・編込みは、斜行しにくい細編みの筋編みで編むと模様がきれいに見えます。細編みの筋編みの編み方ポイント→ p.33

・側面と編み地の厚さを合わせるために、底も2本の糸を編みくるみます。筋編みの編み方ポイントを参照し、親指で芯の糸2本を押さえて編みます。

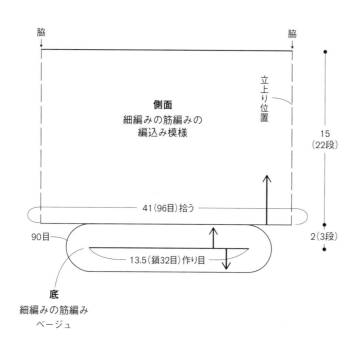

脇　　　　　　脇

側面
細編みの筋編みの
編込み模様

立上り位置

15
(22段)

41(96目)拾う

90目

2(3段)

13.5(鎖32目)作り目

**底**
細編みの筋編み
ベージュ

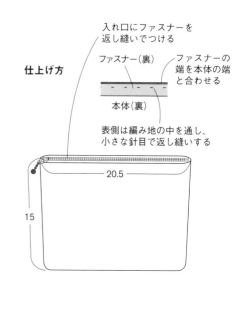

**仕上げ方**

入れ口にファスナーを
返し縫いでつける

ファスナー(裏)

ファスナーの
端を本体の端
と合わせる

本体(裏)

表側は編み地の中を通し、
小さな針目で返し縫いする

20.5

15

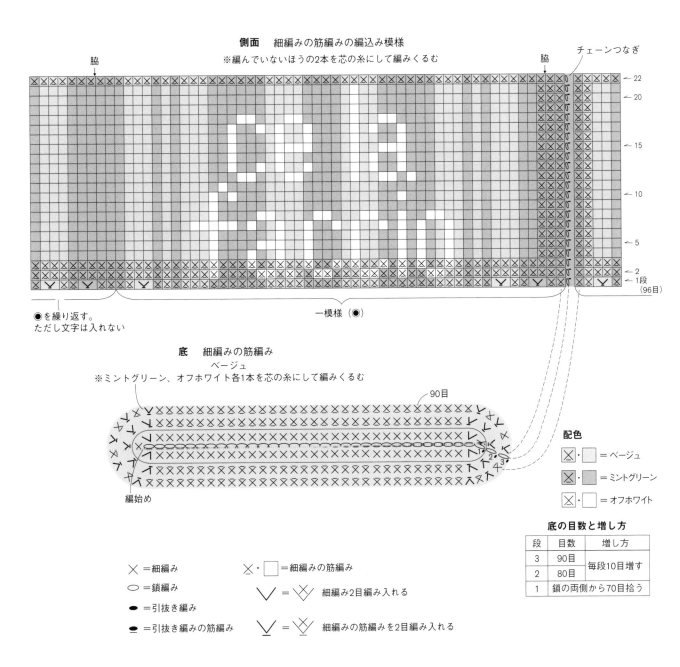

**側面** 細編みの筋編みの編込み模様
※編んでいないほうの2本を芯の糸にして編みくるむ

脇　　　　　　　　　　　　　　　　　　　　　　　脇　　チェーンつなぎ

←22
←20
←15
←10
←5
←2
←1段
(96目)

◉を繰り返す。
ただし文字は入れない

一模様（◉）

**底** 細編みの筋編み
ベージュ
※ミントグリーン、オフホワイト各1本を芯の糸にして編みくるむ

90目

編始め

**配色**

| | |
|---|---|
| ⊠・▨ | ＝ベージュ |
| ⊠・▨ | ＝ミントグリーン |
| ⊠・□ | ＝オフホワイト |

**底の目数と増し方**

| 段 | 目数 | 増し方 |
|---|---|---|
| 3 | 90目 | 毎段10目増す |
| 2 | 80目 | |
| 1 | 鎖の両側から70目拾う | |

✕ ＝細編み　　　　　⊠・□ ＝細編みの筋編み

◯ ＝鎖編み　　　　　∨＝✕ 細編み2目編み入れる

● ＝引抜き編み

● ＝引抜き編みの筋編み　　∨＝✕ 細編みの筋編みを2目編み入れる

**67**

# N
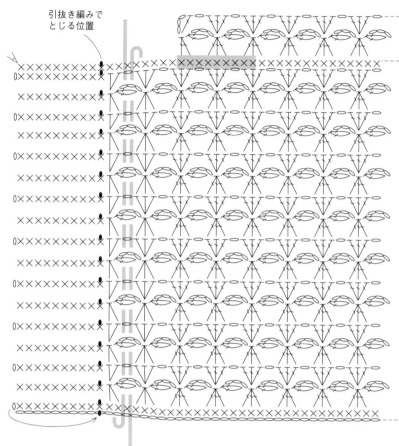

写真・*20*ページ

| | |
|---|---|
| 糸 | メルヘンアート マニラヘンプヤーン(20g<br>玉巻き) ミント(518) 80g |
| 針 | 5/0号、7/0号かぎ針 |
| その他 | メルヘンアート プラリング(MA2153-トウ<br>メイ・外径10.5cm) 1組み |
| ゲージ | 模様編み 6模様(4目)9段が10cm四方 |
| サイズ | 幅18.5cm 深さ14.5cm |

## 編み方

糸は指定以外は1本どり、5/0号針で編みます。

1 本体は鎖109目を作り目し、模様編みと細編み
  で編みます。
2 本体から目を拾い、まちを模様編みで編みます。
3 まちと本体を中表にして、巻きかがり(全目)し
  ます。
4 2本どりで肩ひもを編み、まちの内側にとじつ
  けます。
5 プラリングを入れ口でくるみ、引抜き編みでとじ
  つけます。
6 ひもを編み、本体に通して端を結びます。

## 作品のポイント

・本体の透し模様と持ち手周囲の細編みを編み分
  けたことで、なだらかに切り替わっていくところが
  ポイントです。

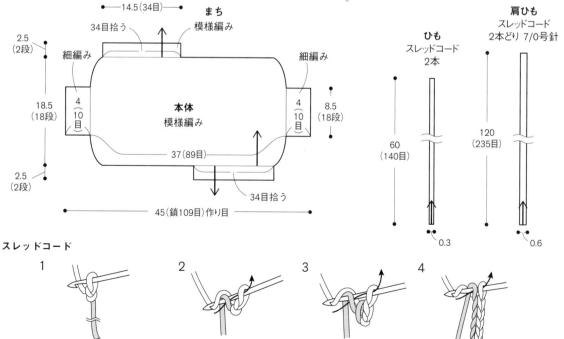

### スレッドコード

糸端は出来上り寸法の3倍残し、鎖を1目編む。残した糸端を手前から向う側にかけ、もう一方の糸を針にかけて引き抜く。これを繰り返す

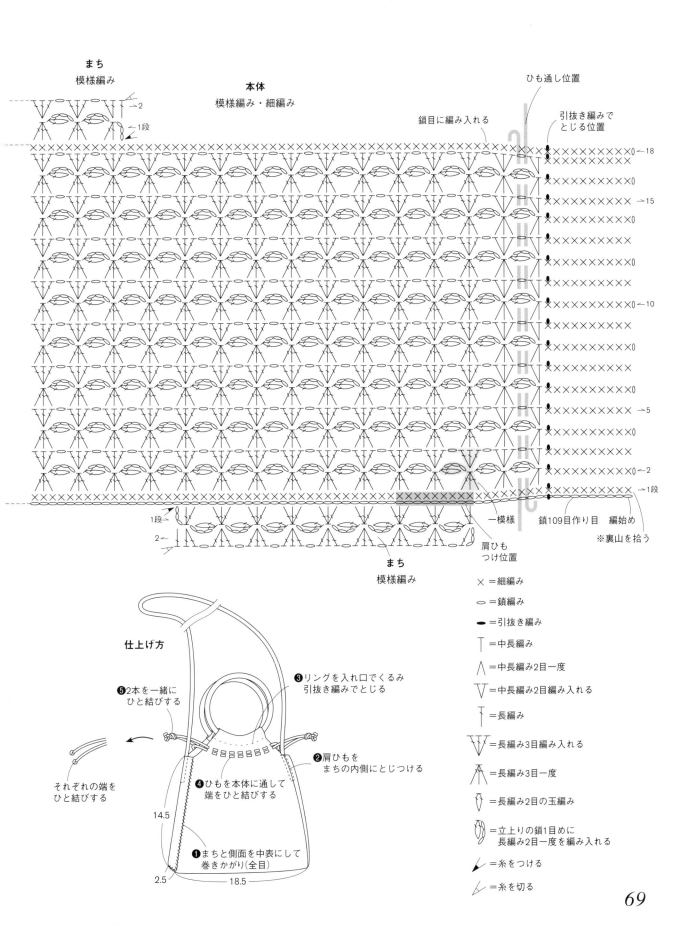

まち
模様編み

本体
模様編み・細編み

ひも通し位置

引抜き編みで
とじる位置

鎖目に編み入れる

→2
←1段
←18
0
→15
0
0
0
←10
0
0
0
→5
0
0
←2
→1段

1段
2←

鎖109目作り目　編始め

※裏山を拾う

一模様

肩ひも
つけ位置

まち
模様編み

× =細編み

◯ =鎖編み

● =引抜き編み

T =中長編み

A =中長編み2目一度

V =中長編み2目編み入れる

T =長編み

V =長編み3目編み入れる

A =長編み3目一度

Y =長編み2目の玉編み

=立上りの鎖1目めに
長編み2目一度を編み入れる

↙ =糸をつける

↙ =糸を切る

仕上げ方

❸リングを入れ口でくるみ
引抜き編みでとじる

❺2本を一緒に
ひと結びする

それぞれの端を
ひと結びする

❷肩ひもを
まちの内側にとじつける

❹ひもを本体に通して
端をひと結びする

14.5

❶まちと側面を中表にして
巻きかがり(全目)

2.5　　　18.5

# O 写真・22ページ

糸　DARUMA SASAWASHI FLAT（25g 玉巻き）ライトブラウン
（103）15g、ブラック（105）12g
針　4/0号かぎ針
その他　長さ12cmのファスナー（黒）
ゲージ　長編みの編込み模様　29目11.5段が10cm四方
サイズ　入れ口幅13cm　深さ10.5cm

## 編み方

糸は1本どり。作り目と最終段以外は2本の糸で、1本を芯にしながら指定の色で編みます。

1　本体はライトブラウンの糸端を50cm残し、鎖76目を作り目します。続けて長編みの編込み模様で増減なく12段編みますが、途中7段めでブラックの糸で作り目をし、あき口をあけて編みます。最後はライトブラウンの糸で引抜き編みを編みます。

2　あき口にライトブラウンの糸で引抜き編みを編みます。

3　指定の位置に刺繍をします。底を脇で折り、残した糸で巻きかがり（半目）します。入れ口にファスナーをつけます。

## 作品のポイント

・長編みで編込み模様を編むときは、芯の糸を引っ張りすぎないように気をつけます。

**本体**
長編みの編込み模様

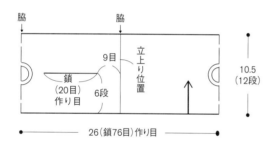

**仕上げ方**

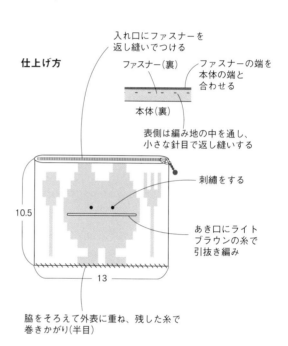

入れ口にファスナーを返し縫いでつける
ファスナー（裏）
ファスナーの端を本体の端と合わせる
本体（裏）
表側は編み地の中を通し、小さな針目で返し縫いする
刺繍をする
あき口にライトブラウンの糸で引抜き編み
脇をそろえて外表に重ね、残した糸で巻きかがり（半目）

**数字サンプラー**　※本体枠内の数字を好みの数字に変える場合

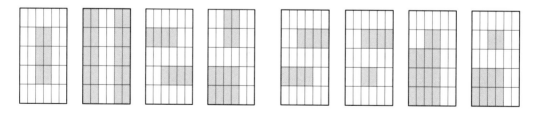

**本体** 長編みの編込み模様
※12段めまでは編んでいないほうを芯の糸にして編みくるむ

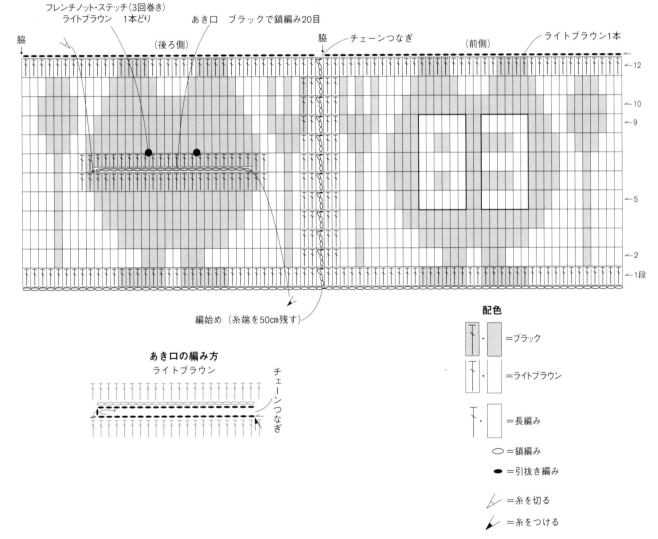

フレンチノット・ステッチ（3回巻き）
ライトブラウン　1本どり

あき口　ブラックで鎖編み20目

脇　（後ろ側）

脇　チェーンつなぎ

（前側）

ライトブラウン1本

←12
←10
←9
←5
←2
←1段

編始め（糸端を50cm残す）

**あき口の編み方**
ライトブラウン

チェーンつなぎ

**配色**

| | | |
|---|---|---|
| ⊤・ | ▦ | =ブラック |
| ⊤・ | ▯ | =ライトブラウン |
| ⊤ | ▯ | =長編み |

◯=鎖編み

●=引抜き編み

＼=糸を切る

↙=糸をつける

# P

写真・*23*ページ

糸　DARUMA Placord（プラコード）3ply（40g 玉巻き）
　　ピンク(4) 90g

針　4/0号かぎ針

ゲージ　細編み　26目26段が10cm四方
　　　七宝編み　6.5模様が10cm、1段が1cm

サイズ　底直径15cm　深さ24.5cm

**編み方**

糸は1本どりで編みます。

1　底は輪の作り目をし、2段めからは立上りをつけずに細編
　みで編みます。

2　側面を細編みと七宝編みで編みます。途中から往復編み
　で分けて編みます。

3　続けて持ち手を立上りをつけずに細編みを輪で編み、端
　を巻きかがり（全目）します。

**作品のポイント**

・七宝編みの解説→ p.36

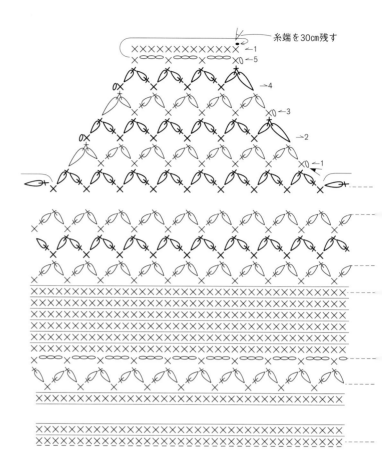

糸端を30cm残す

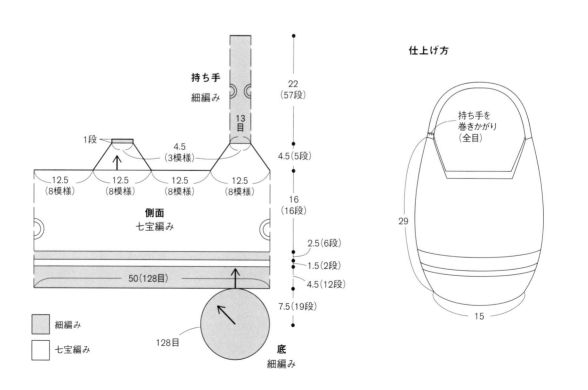

持ち手
細編み

13目

1段　　4.5（3模様）

12.5（8模様）　12.5（8模様）　12.5（8模様）　12.5（8模様）

側面
七宝編み

50（128目）

128目

底
細編み

22（57段）

4.5（5段）

16（16段）

2.5（6段）

1.5（2段）

4.5（12段）

7.5（19段）

□ 細編み
□ 七宝編み

**仕上げ方**

持ち手を
巻きかがり
（全目）

29

15

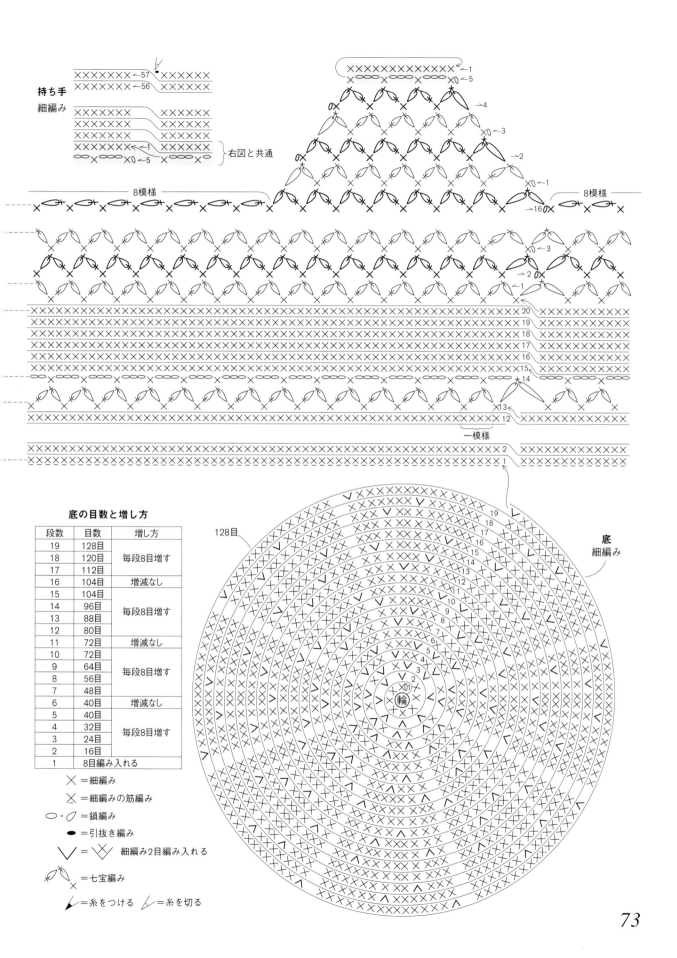

持ち手
細編み

右図と共通

8模様

8模様

一模様

底の目数と増し方

| 段数 | 目数 | 増し方 |
|---|---|---|
| 19 | 128目 | 毎段8目増す |
| 18 | 120目 | |
| 17 | 112目 | |
| 16 | 104目 | 増減なし |
| 15 | 104目 | 毎段8目増す |
| 14 | 96目 | |
| 13 | 88目 | |
| 12 | 80目 | |
| 11 | 72目 | 増減なし |
| 10 | 72目 | 毎段8目増す |
| 9 | 64目 | |
| 8 | 56目 | |
| 7 | 48目 | |
| 6 | 40目 | 増減なし |
| 5 | 40目 | 毎段8目増す |
| 4 | 32目 | |
| 3 | 24目 | |
| 2 | 16目 | |
| 1 | 8目編み入れる | |

✕ ＝細編み

╱ ＝細編みの筋編み

◯・╱ ＝鎖編み

● ＝引抜き編み

∨ ＝ ∨ 細編み2目編み入れる

╱ ＝七宝編み

↙＝糸をつける　↗＝糸を切る

底
細編み

128目

73

**Q** 写真・*24*ページ

糸　　ハマナカ エコアンダリヤ(40g 玉巻き) グリーン(17) 80g

針　　5/0号かぎ針

その他　ハマナカ 楕円ひねり(H206-050-1・金) 1組み、
　　　角田商店 Dカン(M30G・2×12mm) 2個、
　　　角田商店 ナスカン付チェーン(K112G・120cm) 1本

ゲージ　模様編み　8模様が10cm四方

サイズ　幅17.5cm　深さ12cm

### 編み方

1　糸は1本どりで編みます。まちは鎖3目を作り目し、模様編みで9段編みます。続けて回りに細編みを1段編みます。

2　本体は鎖3目を作り目し、模様編みで40段編みます。途中、指定の位置で金具つけ穴をあけながら編み、糸を切ります。糸をつけて縁編みを2段編みます。2段めの指定の位置でまちをつなぎます。

3　ひねり金具とDカンをつけ、Dカンにチェーンをつけます。

### 作品のポイント

・ひねり金具のつけ方→ p.40

**まち**
模様編み
2枚

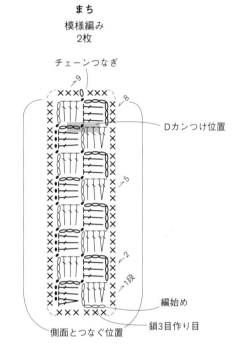

チェーンつなぎ

Dカンつけ位置

編始め

鎖3目作り目

側面とつなぐ位置

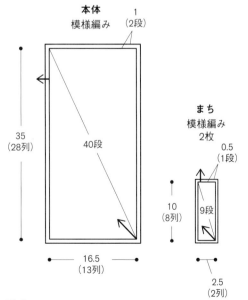

**本体**
模様編み

1
(2段)

35
(28列)

40段

16.5
(13列)

**まち**
模様編み
2枚

0.5
(1段)

10
(8列)

9段

2.5
(2列)

**仕上げ方**

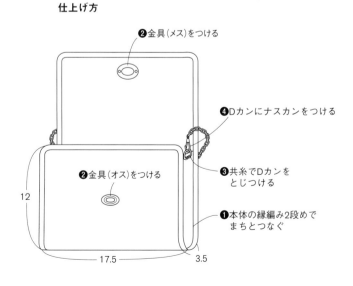

❷金具(メス)をつける

❹Dカンにナスカンをつける

❷金具(オス)をつける

❸共糸でDカンをとじつける

❶本体の縁編み2段めでまちとつなぐ

12

17.5

3.5

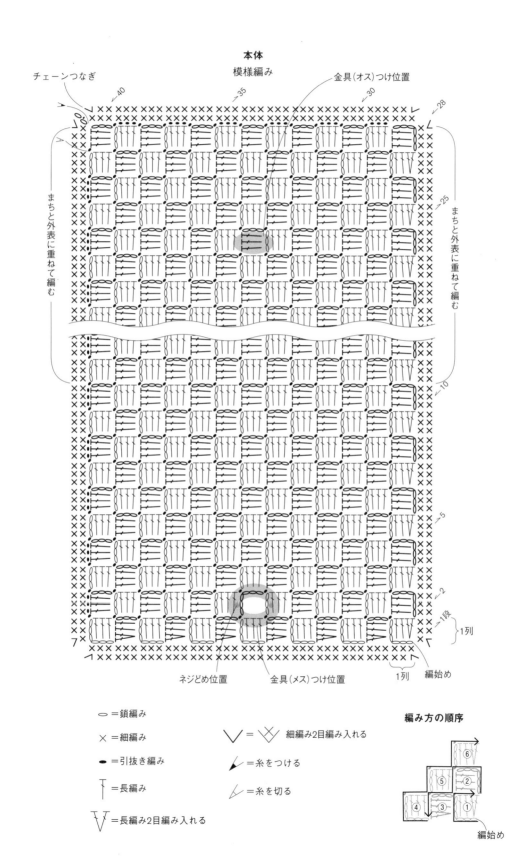

**本体**

模様編み

チェーンつなぎ

金具(オス)つけ位置

まちと外表に重ねて編む

まちと外表に重ねて編む

ネジどめ位置

金具(メス)つけ位置

1列

1列

編始め

◯ =鎖編み

✕ =細編み

● =引抜き編み

┬ =長編み

╲┬╱ =長編み2目編み入れる

╲┴╱ = ╲✕╱ 細編み2目編み入れる

╲ =糸をつける

╱ =糸を切る

**編み方の順序**

編始め

# R

写真・*25*ページ

糸　ハマナカ itoa あみぐるみが編みたくなる糸(15g 玉巻き)
　　a　ベージュ(319) 10g、ミント(322) 8g、濃茶(315) 少々
　　b　ベージュ(319) 10g、ピンク(304) 8g、サーモンピンク(320)
　　　　少々

針　4/0号かぎ針

その他　長さ10cmのファスナー(ベージュ)

ゲージ　模様編み A　27目が10cm、17段が8.5cm

サイズ　図参照

## 編み方

糸は1本どりで、指定の配色で編みます。

1　コーンは鎖2目を作り目し、模様編み A で増しながら17段編み、糸端を60cm残します。

2　アイスは輪の作り目をし、模様編み B で増しながら13段編み、続けて縁編みを1段編みます。

3　アイスにバランスよく刺繍をします。コーンとアイスを残した糸で巻きかがりします。入れ口にファスナーをつけます。

---

## 作品のポイント

・モールヤーンのよさを生かして、ふっくらと編みます。

・引上げ編みの高さを細編みとしっかり合わせましょう。

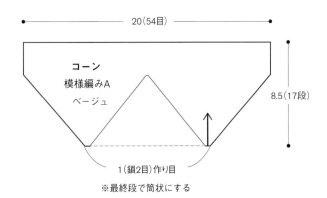

20(54目)

**コーン**

**模様編みA**

ベージュ

8.5(17段)

1(鎖2目)作り目

※最終段で筒状にする

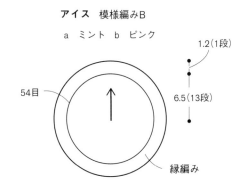

**アイス　模様編みB**

a　ミント　b　ピンク

1.2(1段)

54目

6.5(13段)

縁編み

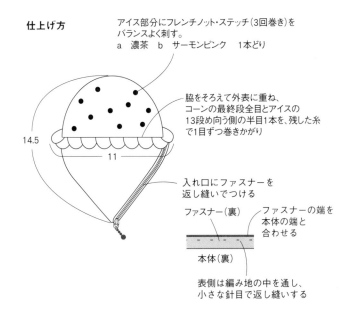

**仕上げ方**

アイス部分にフレンチノット・ステッチ(3回巻き)を
バランスよく刺す。
a　濃茶　b　サーモンピンク　1本どり

脇をそろえて外表に重ね、
コーンの最終段全目とアイスの
13段め向う側の半目1本を、残した糸
で1目ずつ巻きかがり

14.5

11

入れ口にファスナーを
返し縫いでつける

ファスナー(裏)

ファスナーの端を
本体の端と
合わせる

本体(裏)

表側は編み地の中を通し、
小さな針目で返し縫いする

## アイスの目数と増し方

| 段 | 目数 | 増し方 |
|---|---|---|
| 9〜13 | 54目 | 増減なし |
| 8 | 54目 | 9目増す |
| 6、7 | 45目 | 増減なし |
| 5 | 45目 | 毎段9目増す |
| 4 | 36目 | |
| 3 | 27目 | |
| 2 | 18目 | |
| 1 | 9目編み入れる | |

### アイス　模様編みB
a　ミント　b　ピンク

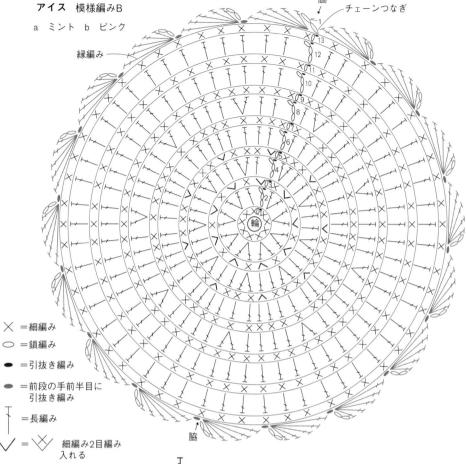

脇
チェーンつなぎ
縁編み
脇

## コーンの目数と増し方

| 段 | 目数 | 増し方 |
|---|---|---|
| 14〜17 | 54目 | 増減なし |
| 13 | 54目 | 毎段4目増す |
| 12 | 50目 | |
| 11 | 46目 | |
| 10 | 42目 | |
| 9 | 38目 | |
| 8 | 34目 | |
| 7 | 30目 | |
| 6 | 26目 | |
| 5 | 22目 | |
| 4 | 18目 | |
| 3 | 14目 | |
| 2 | 10目 | |
| 1 | 鎖から6目拾う | |

× ＝細編み
○ ＝鎖編み
● ＝引抜き編み
（楕円）＝前段の手前半目に引抜き編み
＝長編み
V ＝細編み2目編み入れる
V ＝細編みの3目編み入れる
＝長編み2目編み入れる
＝前段の手前半目に長編み5目編み入れる

＝長々編みの表引上げ編みを前々段に編む
＝長々編みの表引上げ編み2目一度を前々段に編む
＝糸を切る

最終段で引抜き編みをして筒状にする（糸端を60cm残す）

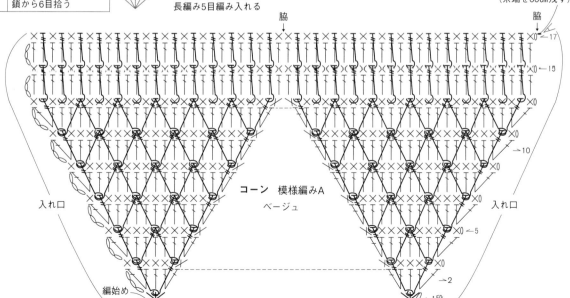

コーン　模様編みA
ベージュ

脇
入れ口
入れ口
編始め
1段
脇

×0←17
←15
→10
×0
→5
×0
→2

77

# S

| | |
|---|---|
| 糸 | メルヘンアート マニラヘンプヤーン(20g 玉巻き) |
| | ブラック(510) 95g |
| 針 | 5/0号かぎ針 |
| その他 | 〔ショルダー〕メルヘンアート アウトドアコード(5m 巻き) マゼンタ(1622) 430cm、レフ‐グレー(1632) 300cm×2本、内径20mmのラウンドカラビナ小 シルバー(S1166) 2個 |
| | 〔ワンハンドル〕メルヘンアート アウトコード イエローグリーン(1625) 210cm、レフ‐グレー(1632) 140cm×2本、内径20mmのラウンドカラビナ小 シルバー(S1166) 2個 |
| | 内径0.8cmのハトメ(シルバー) 4組、長さ25cmのファスナー(黒) |
| ゲージ | 細編み、模様編み 22目22段が10cm四方 |
| サイズ | 入れ口幅24.5cm　底幅12cm　深さ15.5cm |

## 編み方

糸は1本どりで編みます。

1 底は輪の作り目をし、細編みと鎖編みで角で増しながら13段編みます。糸端を120cm残し、糸を切ります。

2 側面は鎖108目を作り目し、模様編みで増減なく34段編みますが、途中、指定の位置でハトメつけ穴をあけながら編みます。最後に引抜き編みを編み、糸を切ります。

3 底の最終段と側面の編始め側を脇をそろえて外表に重ね、底の残した糸で巻きかがり(半目)します。

4 ハトメつけ穴にハトメをつけ、入れ口にファスナーをつけます。

5 ひもを作り、ハトメにひもの金具をかけます。

## 作品のポイント

・3段前の目に針を入れて編むときは、テープ状の形状の糸を広げてから編むと編みくるむ幅が広くなり模様がきれいに見えます。

・底と側面をとじるときは脇や底の角を合わせてまち針などでとめてから、1目ずつ丁寧にかがりましょう。

・ハトメにカラビナを通すときは、バッグの入れ口をあけて丁寧に1個ずつ通します。

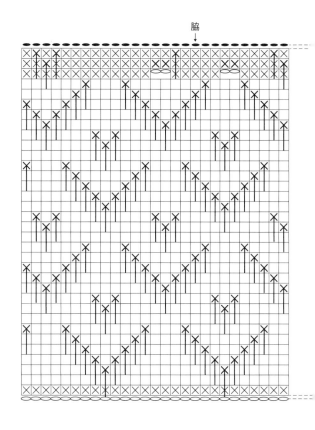

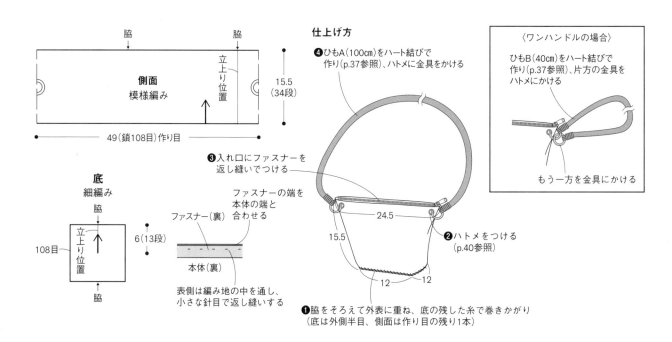

**側面**

模様編み　　　　　　　　　　ハトメつけ穴　　脇　　チェーンつなぎ

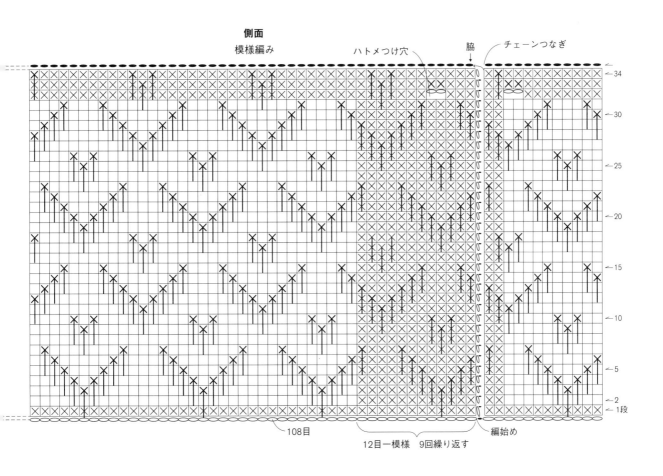

—34

—30

—25

—20

—15

—10

—5

—2
—1段

108目　　　　　　　12目一模様　9回繰り返す　　編始め

**底**
細編み　　　　　　脇　　糸端を120cm残す

**底の目数と増し方**

| 段 | 目数 | 増し方 |
|---|---|---|
| 13 | 108目 | |
| 12 | 100目 | |
| 11 | 92目 | |
| 10 | 84目 | |
| 9 | 76目 | |
| 8 | 68目 | 毎段8目増す |
| 7 | 60目 | |
| 6 | 52目 | |
| 5 | 44目 | |
| 4 | 36目 | |
| 3 | 28目 | |
| 2 | 20目 | |
| 1 | 12目編み入れる | |

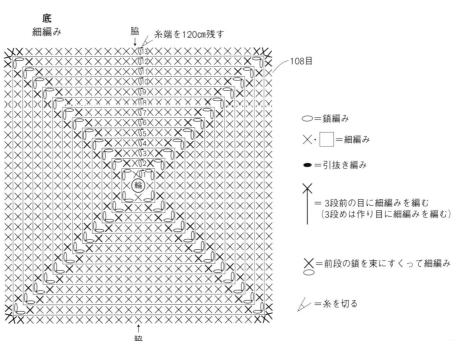

108目

脇

◯=鎖編み

✕・▢=細編み

●=引抜き編み

✕=3段前の目に細編みを編む
（3段めは作り目に細編みを編む）

✕=前段の鎖を束にすくって細編み
◯

╱=糸を切る

79

# T 写真・28ページ

| | |
|---|---|
| **糸** | DARUMA TUBE（40g 玉巻き）160g |
| | a　ペールパープル(9)、b　クリア(1) |
| **針** | 8/0号かぎ針 |
| **ゲージ** | モチーフ　8.5×8.5cm |
| **サイズ** | 図参照 |

## 編み方

糸は1本どりで編みます。

1　モチーフは輪の作り目をし、記号図のように増しながら編み、12枚編みます。

2　モチーフを引抜き編みの筋編みで交互に拾いながらつなぎ、側面を作ります。途中、持ち手を鎖編みで作り目し、編みます。

## 作品のポイント

・モチーフの中心の輪がゆるみやすいので、最初にしっかり引き締めてから編みます。

・モチーフつなぎの引抜き編みがきつくなりすぎないように気をつけましょう。

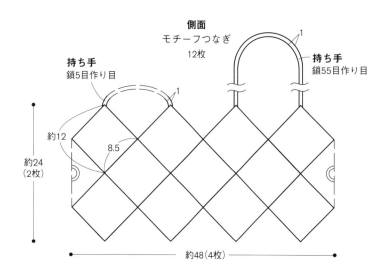

**側面**
モチーフつなぎ
12枚

**持ち手**
鎖5目作り目

**持ち手**
鎖55目作り目

約12
8.5
約24（2枚）
約48(4枚)

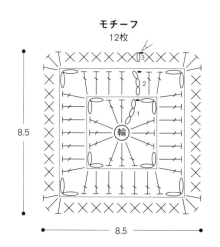

**モチーフ**
12枚

8.5

8.5

## つなぎ方

1周め

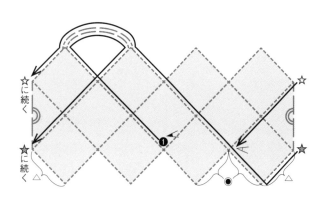

2周め

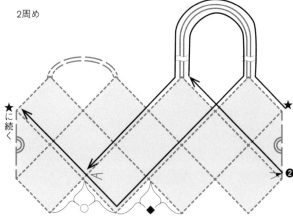

※❶、❷はつなぎ始めの位置。詳しいつなぎ方は記号図参照。
底は合い印どうしをつなぐ

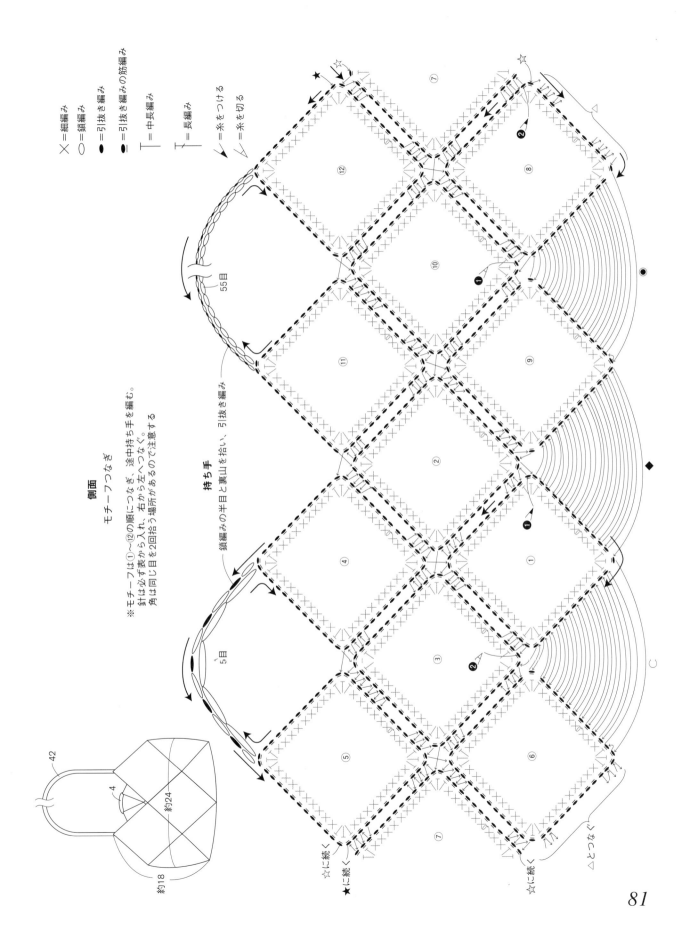

側面
モチーフつなぎ

※モチーフは①〜⑫の順につなぎ、途中持ち手を編む。
針は必ず表から裏へ入れ、右から左へつなぐ。
角は同じ目を2回拾う場所があるので注意する

持ち手
鎖編みの半目と裏山を拾い、引抜き編み

☆に続く
★に続く
☆に続く
△に続く

× =細編み
○ =鎖編み
● =引抜き編み
● =引抜き編みの筋編み
┰ =中長編み
┰ =長編み
↙ =糸をつける
↘ =糸を切る

55目
5目

①②③④⑤⑥⑦⑧⑨⑩⑪⑫

42
4
約24
約18

# U

写真・30ページ

糸　メルヘンアート マニラヘンプヤーン(20g 玉巻き) ブラック(510)
70g、リネン(494)、マスタード(521) 各35g
針　5/0号、6/0号かぎ針
その他　メルヘンアート 楕円モチーフ ブラック(MA2507)
ゲージ　模様編み　24目(約3模様) 9.5段が10cm四方
サイズ　入れ口幅20cm 深さ25cm

## 編み方

糸は1本どりで、指定の配色、針で編みます。

1 側面は鎖57目を作り目し、模様編みで48段編みます。続けて最終段と作り目を中表に合わせ、鎖編みと引抜き編みでつなぎ、筒状にします。糸を切ります。

2 底は楕円モチーフの40穴に細編みを96目編み入れます。続けて底、側面の順に表から針を入れ、引抜き編みで底と側面をつなぎます。糸を切ります。

3 入れ口に細編みを2段編みます。

4 持ち手は鎖161目を作り目し、模様編みで1段編みます。

5 ストッパーは鎖8目を作り目し、細編みで3段編みます。

6 ひもは鎖125目を作り目し、引抜き編みを編みます。

7 持ち手を側面につけます。ひもを通し、端を結びます。ひもをストッパーに通し、ひも端を結びます。

## 作品のポイント

・側面の編み地の長さと底の円周を合わせるので、ゲージをしっかり確認して編みましょう。

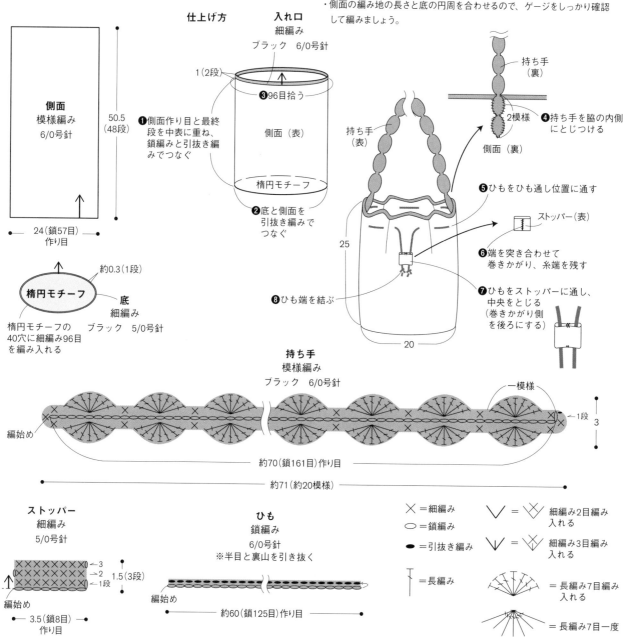

**側面**
模様編み
6/0号針
50.5(48段)
24(鎖57目)作り目

**楕円モチーフ**
約0.3(1段)

**底**
細編み　ブラック　5/0号針
楕円モチーフの40穴に細編み96目を編み入れる

**仕上げ方**

**入れ口**
細編み
ブラック　6/0号針
1(2段)
❸96目拾う
側面(表)
楕円モチーフ

❶側面作り目と最終段を中表に重ね、鎖編みと引抜き編みでつなぐ

❷底と側面を引抜き編みでつなぐ

持ち手(表)
持ち手(裏)
2模様
側面(裏)
❹持ち手を脇の内側にとじつける

❺ひもをひも通し位置に通す

ストッパー(表)
❻端を突き合わせて巻きかがり、糸端を残す

❼ひもをストッパーに通し、中央をとじる(巻きかがり側を後ろにする)

❽ひも端を結ぶ

25
20

**持ち手**
模様編み
ブラック　6/0号針
一模様
1段
3
編始め
約70(鎖161目)作り目
約71(約20模様)

**ストッパー**
細編み
5/0号針
3
2
1
1.5(3段)
編始め
3.5(鎖8目)作り目

**ひも**
鎖編み
6/0号針
※半目と裏山を引き抜く
編始め
約60(鎖125目)作り目

× = 細編み
◯ = 鎖編み
● = 引抜き編み
T = 長編み

V = 細編み2目編み入れる
W = 細編み3目編み入れる
= 長編み7目編み入れる
= 長編み7目一度

82

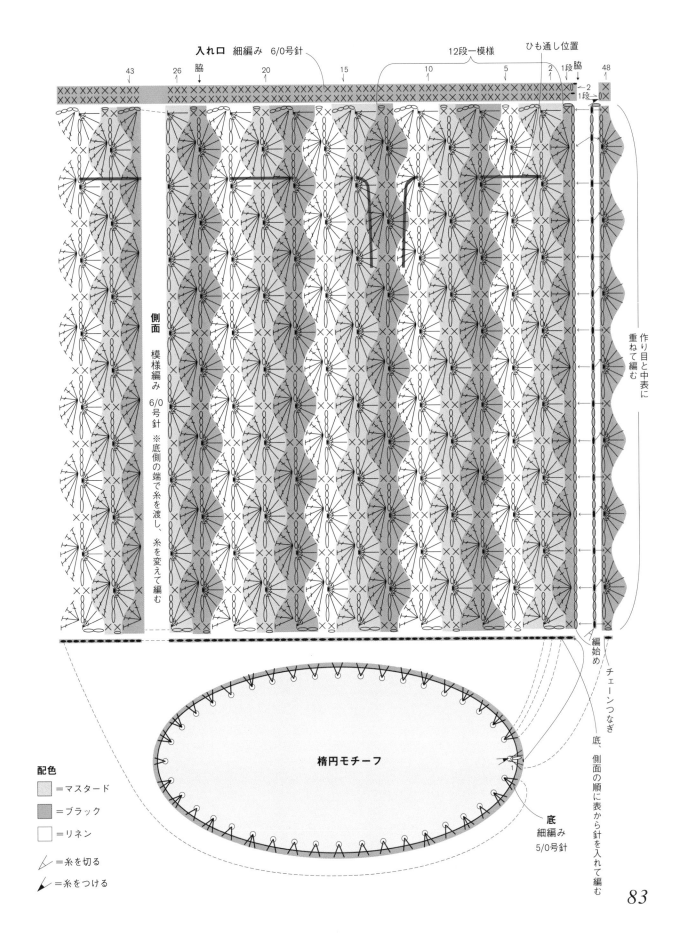

入れ口　細編み　6/0号針

43　26　脇　20　15　10　5　2　1段脇　48

12段一模様　ひも通し位置

側面　模様編み　6/0号針　※底側の端で糸を渡し、糸を変えて編む

作り目と中表に重ねて編む

チェーンつなぎ

底、側面の順に表から針を入れて編む

編始め

楕円モチーフ

底　細編み　5/0号針

配色
= マスタード
= ブラック
= リネン

= 糸を切る
= 糸をつける

83

# TECHNIQUE GUIDE

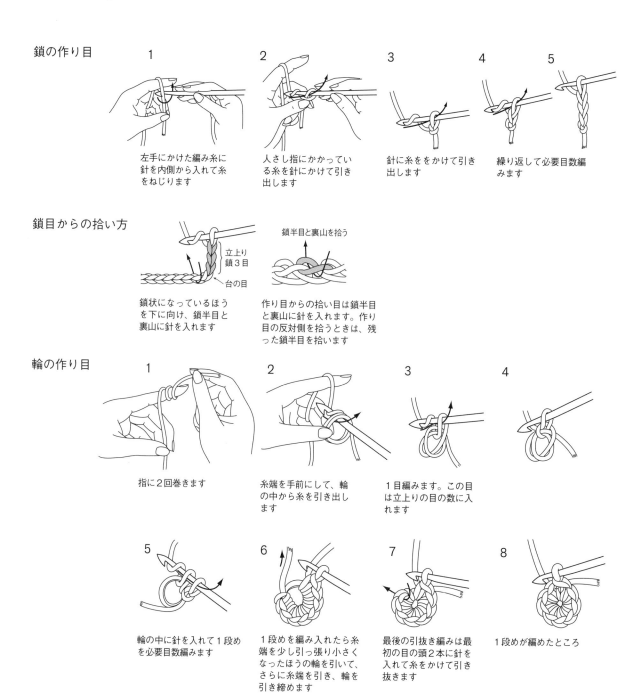

鎖の作り目

1　左手にかけた編み糸に針を内側から入れて糸をねじります

2　人さし指にかかっている糸を針にかけて引き出します

3　針に糸ををかけて引き出します

4

5　繰り返して必要目数編みます

鎖目からの拾い方

立上り鎖3目
台の目

鎖状になっているほうを下に向け、鎖半目と裏山に針を入れます

鎖半目と裏山を拾う

作り目からの拾い目は鎖半目と裏山に針を入れます。作り目の反対側を拾うときは、残った鎖半目を拾います

輪の作り目

1　指に2回巻きます

2　糸端を手前にして、輪の中から糸を引き出します

3　1目編みます。この目は立上りの目の数に入れます

4

5　輪の中に針を入れて1段めを必要目数編みます

6　1段めを編み入れたら糸端を少し引っ張り小さくなったほうの輪を引いて、さらに糸端を引き、輪を引き締めます

7　最後の引抜き編みは最初の目の頭2本に針を入れて糸をかけて引き抜きます

8　1段めが編めたところ

輪の作り目（鎖目）

1　鎖編みを必要目数編み、1目めの鎖半目と裏山に針を入れます

2　針に糸をかけて引き出します（最後の引抜き編み）

84

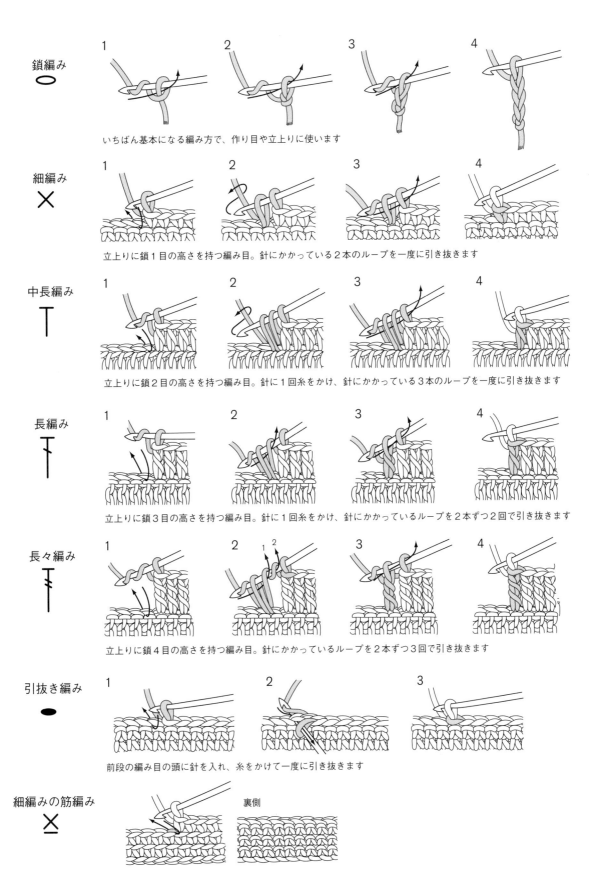

鎖編み
○
1　2　3　4
いちばん基本になる編み方で、作り目や立上りに使います

細編み
×
1　2　3　4
立上りに鎖1目の高さを持つ編み目。針にかかっている2本のループを一度に引き抜きます

中長編み
T
1　2　3　4
立上りに鎖2目の高さを持つ編み目。針に1回糸をかけ、針にかかっている3本のループを一度に引き抜きます

長編み
T
1　2　3　4
立上りに鎖3目の高さを持つ編み目。針に1回糸をかけ、針にかかっているループを2本ずつ2回で引き抜きます

長々編み
T
1　2　3　4
立上りに鎖4目の高さを持つ編み目。針にかかっているループを2本ずつ3回で引き抜きます

引抜き編み
●
1　2　3
前段の編み目の頭に針を入れ、糸をかけて一度に引き抜きます

細編みの筋編み
×
裏側
前段の目の向う側鎖半目をすくって細編みを編みます
※ ● 引抜き編みの場合も同じ要領で編みます

## 長編みの表引上げ編み

 **1** 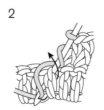 **2** 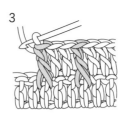 **3**

前段の柱を手前側からすくい、長めに糸を引き出して長編みと同じ要領で編みます
※長々編みの場合も同じ要領で編みます

## 細編み2目編み入れる

**1** 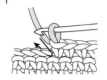 **2** 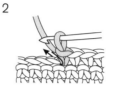 **3** 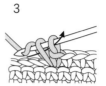 **4**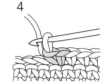

前段の1目に細編みを2目編み入れ、1目増します
※ は細編みを3目編み入れます　※ 筋編みの場合も同じ要領で編みます

## 長編み2目編み入れる

**1**  **2**  **3** 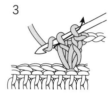 **4**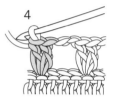

前段の1目に長編み2目を編み入れ、1目増します
※ は中長編みを2目、 は中長編みを3目同じ要領で編み入れます
※引上げ編みの場合や、目数が異なる場合も同じ要領で編みます

## 細編み2目一度

**1**  **2**  **3** 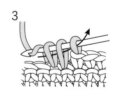 **4**

糸を引き出しただけの未完成の2目を、針に糸をかけて一度に引き抜きます。1目減ります
※目数が異なる場合も同じ要領で編みます

## 長編み2目一度

**1** 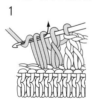 **2** 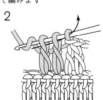 **3**

未完成の長編みを2目編み、一度に引き抜いて1目減らします
※引上げ編みの場合も同じ要領で編みます

## 長編みの変り交差

1目先の目に長編みを編みます。次の目は針を長編みの前側を
通って矢印のように入れ、長編みを編みます
※長々編み、引上げ編みの場合も同じ要領で編みます

長編み3目
の玉編み

 1 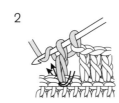 2 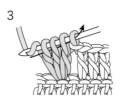 3  4

未完成の長編み3目を一度に引き抜きます　※長々編み、引上げ編みの場合や、目数が異なる場合も同じ要領で編みます

| 根もとがついている場合 |  前段の1目に全部の目を編み入れる | 根もとがついていない場合 | 前段が鎖編みのとき、全部すくって編む（束にすくうといいます） |
| --- | --- | --- | --- |

鎖3目のピコット

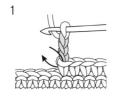 1  2  3 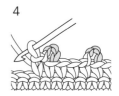 4

鎖3目を編み、細編みに編み入れ、針にかかっている3ループを引き抜きます

チェーンつなぎ

 1  2

編終りの目の糸を引き出し、針に通して編始めの目に通します。1目めと最後の目の間に1目できてつながります

編込み（糸を編みくるむ）

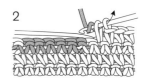

芯の糸をそわせ、編みくるみながら編みます。
糸をかえるときは最後の目を引き抜くときに配色糸と地糸をかえて編みます

巻きかがり（全目、半目）

全目  半目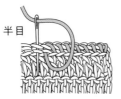

2枚の編み地を合わせて、それぞれ最終段の頭の糸を、全目の場合は2本、半目の場合は内側1本ずつに針を入れてかがります

引抜きはぎ

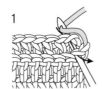 1  2 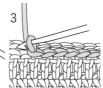 3

2枚の編み地を合わせ、鎖目の頭を2本ずつ拾って引抜き編みを編みます

えび編み 1 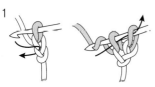 2 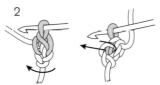 3  4

作り目を絞らずに鎖1目を編み、始めの目に細編みを編みます

左に回し、裏側の糸2本をすくって細編みを編みます

左に回し、裏側の糸2本をすくって細編みを編みます。これを繰り返します

刺繍の基礎
フレンチノット・ステッチ（2回巻き）

 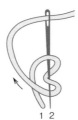 

※3回巻きの場合は3回巻きます

| | |
|---|---|
| ブックデザイン | 中島美佳 |
| | 羽柴亜瑞美 |
| 撮影 | 水野美隆 |
| | 安田如水（p.32-40／文化出版局） |
| スタイリング | 川瀬英里奈 |
| モデル | 辻元 舞 |
| ヘアメイク | 西 亜莉奈 |
| 編み方解説 | 田中利佳 |
| | 武知留美 |
| DTP製作 | 文化フォトタイプ |
| 制作協力 | 會澤夏子 |
| 校閲 | 向井雅子 |
| 編集 | 小泉未来 |
| | 三角紗綾子（文化出版局） |

＼ 好評発売中！ ／

『オトナ女子の
クロッシェスタイル』

『オトナ女子の
デイリークロッシェ』

『オトナ女子の
ウールクロッシェ』

［素材提供］

**INAZUMA（植村）**
https://www.inazuma.biz

**DARUMA（横田）**
http://www.daruma-ito.co.jp

**角田商店**
http://www.towanny.com

**パピー（ダイドーフォワード）**
http://www.puppyarn.com

**ハマナカ**
http://hamanaka.co.jp

**メルヘンアート**
https://www.marchen-art.co.jp

材料の表記は2024年2月現在のものです。

# *Little Lion* の
# クロッシェバッグ

**2024年3月2日　第1刷発行**

| | |
|---|---|
| 著者 | Little Lion |
| 発行者 | 清木孝悦 |
| 発行所 | 学校法人文化学園 文化出版局 |
| | 〒151-8524 東京都渋谷区代々木3-22-1 |
| | TEL. 03-3299-2487（編集） |
| | TEL. 03-3299-2540（営業） |
| 印刷・製本所 | 株式会社文化カラー印刷 |

©Ayaka Chiba 2024　Printed in Japan
本書の写真、カット及び内容の無断転載を禁じます。

●本書のコピー、スキャン、デジタル化等の無断複製は著作権法上での例外を除き、禁じられています。
●本書を代行業者等の第三者に依頼してスキャンやデジタル化することは、たとえ個人や家庭内での
利用でも著作権法違反になります。
●本書で紹介した作品の全部または一部を商品化、複製頒布、及びコンクールなどの応募作品として
出品することは禁じられています。
●撮影状況や印刷により、作品の色は実物と多少異なる場合があります。ご了承ください。

文化出版局のホームページ https://books.bunka.ac.jp/

## 使用糸一覧

DARUMA SASAWASHI FLAT（78m/25g 玉巻き）
分類外繊維（ささ和紙）100%

DARUMA SASAWASHI（48m/25g 玉巻き）
分類外繊維（ささ和紙）100%

DARUMA TUBE（37m/40g 玉巻き）
ナイロン　100%

DARUMA Placord 3ply（135m/40g 玉巻き）
ポリエチレン　100%

パピー ヌーボラ（111m/50g 玉巻き）
ポリエステル100%

パピー リネン 100（148m/40g 玉巻き）
リネン 100%

パピー コットンコナ（110m/40g 玉巻き）
コットン 100%

パピー サンパドゥース（105m/40g 玉巻き）
植物繊維（ヘンプ）50%　アクリル 50%

ハマナカ エコアンダリヤ（80m/40g 玉巻き）
レーヨン 100%

ハマナカ itoa あみぐるみが編みたくなる糸（65m/15g 玉巻き）
ポリエステル〈PL〉90%　ナイロン〈PA〉10%

メルヘンアート マニラヘンプヤーン（50m/20g玉巻き）
植物繊維（マニラ麻）100%

メルヘンアート マニラヘンプヤーン〜スティン〜（50m/20g玉巻き）
植物繊維（マニラ麻）100%

メルヘンアート アウトドアコード（5m巻き）
ポリエステル100%

※写真は実物大

9784579118250

1925077016008

ISBN978-4-579-11825-0
C5077 ¥1600E

定価1,760円(本体1,600円)⑩